別因為敏感讓心被委屈填滿

陳允皓——著

代序——

六種孤獨

人類的文明，是一個群居的文明。從部落到宗族，從鄉村到城市，越是熱鬧繁華的地方，似乎越能彰顯文明的先進。身為人類的我們，天生就害怕孤獨，因為孤獨會讓生存變得困難。也正因如此，在人類社會中，評價一個人的其中一個重要指標就是人際關係。

一個沒有任何親朋好友的人，要麼是個超凡脫俗的出世者，要麼就是個淒涼悲慘的流浪漢。就像亞里斯多德所說：「離群索居者，不是野獸，便是神靈。」每個人都會感受到孤獨；孤獨卻因人而異，各不相同。兩個孤獨的人走在一起，卻發現讀不懂彼此的孤獨時，他們更孤獨了。

我們的社會越變得便利與繁華，有的人內心就越難以感到平靜與充實。孤獨就像空氣，無色無味，如影隨形。孤獨本身也千差萬別，每個人對孤獨的理解和感受不盡相同，下面說說我觀察到的六種孤獨。

獨處的孤獨

還是小孩的時候，我們害怕一個人待在家裡，害怕一個人睡覺，總覺得床底下、衣櫃裡藏了妖魔鬼怪。如果爸媽經常不在家，會不由得產生一種被拋棄的無助感與孤獨感。生命的最初階段，我們總是對一切都好奇，不太喜歡冷冷清清的幽靜，喜歡歡天喜地的熱鬧。有人陪伴比獨處好；有人說話比沉默好；有人關心和疼愛，才覺得自己的存在有了價值與意義。

也有很多人，即使長大成人，甚至有了自己的孩子之後，依然會害怕一個人待著。當然你也可以說，這不是孤獨，而是寂寞。孤獨的本質，就是對自身存在疑惑與不安，而寂寞只是孤獨最常見的一種狀態。總之，請不要讓我一個人。

#離別後的孤獨

我們逐漸成長，開始獨自睡覺，獨自上學，一個人做很多事也不會感到害怕。我們開始有同學，有朋友，有許多充滿歡樂的放學時光。一起踢球、寫作業、喝汽水、買零食、玩遊戲，直到天漸漸暗下來，我們說著再見，各自回家。當朋友們各自離去的時候，也會感到一陣失落，不過我們很快就會習慣，以為分別就像日出日落，總能再次相逢。

後來發現，好朋友之間的關係會變淡，慢慢地不再親近，你的死黨也可能會突然轉學，隨後失去聯繫。同學們會因為升高中、升大學各奔東西，除了同學會再難碰面。除了父母始終是你的父母，你生命中遇到的許多喜歡的人，都可能在不經意間如水入海，再無蹤跡。漸漸地，你終於發現，**原來大多數的離別，都是無法說再見的**。

#演員的孤獨

有一類人，很早就隱約摸到了這個世界的一些規律，意識到只有得到別人的認可才能讓自己活得更好。他們或勤奮努力，或乖巧可人，透過別人欣賞的目光，進一步定位自己的角色，他們最在乎的就是別人的眼光。

他們都是演員，觀眾說好才是好。媽媽說當公務員好，那就去考吧；爸爸說相親的男生不錯，那就結婚吧……就算被安排好的生活不幸福，一旦想到不能讓朋友們看笑話，就還是會繼續露出笑臉裝作很幸福的樣子。他們相信，每個人在這個世界上，都有注定的角色，誰演主角，誰演配角，自有安排。人最重要的是認真演繹自己的角色，不讓別人失望。

他們可能是許多父母口中「別人家的孩子」，可能是別人羨慕的生活範本，也可能只是一個按時結婚生子的普通人，過著朝九晚五的規律生活，無甚特別。他們最大的孤獨是喪失了自我，成了外向的孤獨患者。因為內心總有個聲音無法認同自己的表演，來自觀眾的掌聲成了最後的稻草。當劇場落幕、人去樓空，落寞的演員獨自回到後臺時，才發現自己早已無人守候。

他們很早就已經認命，認為與其追求虛無縹緲的人生意義，不如按照劇本演好自己的角色。演得太好了，最後連自己也分不清自己到底想要什麼，於是只能這麼演下去。只是當一切都波瀾不驚，如同命運這個導演已經忘記了你的存在時，才開始發現，原來別人的眼光真的沒那麼重要。當你終於想做自己命運的導演時，舞臺的燈光可能早已熄滅。

#理想主義者的孤獨

每個時代都不缺理想主義者，他們總是認為現實像條惡龍，需要他們這樣的勇士來與之搏鬥、廝殺。而事實上，現代社會的確有許多了不起的進步與發展都和理想主義者有關。如果人人都是投機取巧、自私自利的，那麼世界不過是一次又一次地輪迴，毫無進步。

人類文明偉大的地方不在於你爭我奪和爾虞我詐，地球上的生物都擅長彼此廝殺。正是因為一群看似奇怪的人創造了詩歌，付出了愛，追求著遠方的夢想，這個地球才不是一味的冰冷與殘酷。**真正的理想主義者，他們充實而孤獨，因為他們追求遠方，自己永遠在路上。**

#孤獨症患者

他們在成長的過程中，在心裡搭建了一座看不見的城堡，把自己困在其中。他們決意將自己與世界隔開，因為覺得很難面對城堡外的這個世界。無論跟誰在一起，他們都覺得自己像是另一種人，所有的頻率都對不上，所有的交流都成了噪音。憂鬱、焦慮、自閉、精神分裂，種種無形的自我折磨讓他們好像生活在另一個星球上，孤獨而荒涼。

#高處的孤獨

高處不勝寒，人若飛得太高，成了超越時代的智者或強者，就注定沒有朋友。飛得越低，和世人的距離越近；飛得越高，越明白孤獨才是宿命。當獨孤求敗天下無敵之後，才發現沒有對手原來也是一件痛苦的事。

如果一個人的能力超出周圍的人太多，他就成了另一個世界上的人。最孤獨的人，孤獨已經成了他的氧氣與養分。

——小岩井

自序——

你是散落人間的日常

寫給人群中格格不入的你。

你「演技一流」，特別擅長假裝合群，跟著別人一起開著那些並不感興趣的玩笑，你覺得既然聊不來就不要多說話，他們卻習慣什麼事都找你一起。你不會拒絕，也不懂表達，所有人都覺得你是個好人，理所當然地麻煩你，一點都不客氣，除了「好人卡」，你一無所獲。

你想著應該學會拒絕，卻總在關鍵時刻覺得不好意思，你曾經相信吃虧是福，現在才明白吃虧是傻。你一直很懂事，懂得察言觀色，懂得別人想要什麼，總是委屈自己來成全別人，你覺得這樣生活才會問心無愧。你覺得快樂總是短暫的，別人傷害你或者你傷害別人都會讓你的心大病一場，別人對你好一點，你就恨不得掏出全部。

你很喜歡討好別人，很在意別人的評價，非常在意別人喜不喜歡你。你很怕自己把事情搞砸，帶給別人麻煩，甚至會偽裝自己，讓自己成為一個不被討厭的人。你話不算多，但內心活動豐富，你總是不敢表達出自己的不滿，怕給別人帶來傷害。你寧願自己受點委屈，也不願意跟人爭辯。很多事情，你想得比誰都清楚，只是不願意表達，別人說你內向，其實只有自己知道，你的內心住著一個戲精。

你很孤獨，喜歡一個人的自由，卻又想有人陪伴。你不喜歡在人前表現自己，只想與三五好友把酒言歡。你不善交際，在人群中總是顯得格格不入，甚至會因此感到自卑，羨慕那些說話滔滔不絕的人。你總是沒心沒肺，間歇性憂鬱自閉，討厭別人干涉你的生活，可總有人喜歡跑出來多管閒事。你期待遇到聊得來的人，可以讓你走出孤獨。

你想在最好的時光和喜歡的人在一起，卻總

是錯過，你不願將就，寧願一直單身也要等待那個對的人出現。某一天，你和一個人在一起了，你以為付出越多，這段感情就會越牢固，後來才發現，自己再用心也換不來對方同等的愛。

曾經，我們都很傻，居然盼著長大。長大後才發現，快樂越來越難得，到處都有不如意之事。你關掉自己的社群帳號，不再輕易表露自己，學會消化心裡的負面情緒，因為你發現別人的話無法對自己產生任何的安慰作用。你開始感受到人生的迷茫，**每一次選擇都會看到不同的風景，你發現選擇的艱難在於不好和更不好之間的取捨。**

你會羨慕看起來活得並不費力的那些人，他們過著你想要的生活，擁有你拚盡全力都很難得到的東西。你慢慢發現身邊的朋友越來越少，能聊得來的人屈指可數。老朋友們都過著自己的日子，長時間不聯繫後已無話可說。你明白了努力並不一定能成功，但不努力連成功的可能都沒有。

你的人生觀一次次更新，對這個世界有了更清醒的認識。你發現人生好像沒有什麼意義，每個人都在向死而生，沒有人能夠真正理解另外一個人，你開始覺得人間不值得，可正是如此，才應該更大膽一些，為自己而活。也因為孤獨是一種常態，陪伴才顯得彌足珍貴。

你越來越清楚，即使自己試著合群，也感受不到應有的快樂，反而會讓自己更加迷失。於是，在獨自行走的路上，你慢慢學會了無視別人異樣的眼光，也許這才是真正的成長。

這個世界上沒有誰可以陪誰一輩子。似乎認識的人越來越多，但在你真正遇到難處的時候，能夠伸手拉你一把的人卻寥寥無幾。也因為這樣，你更加珍惜真正的朋友。生活從來不是給別人看的，過得好不好只有自己知道，過自己喜歡的生活，而不是過別人認為好的生活。

成熟是一個習慣孤獨和發現自我的過程，學會與自己和解，學會苦中作樂。**世界上本沒有路，走的人多了，也便成了路**。不用擔心自己的方式無人認可，堅持自己的本心大膽地去走，你會以獨特的方式展示自己的人生。你總能找到自己的圈子，那時你就會發現你不是真的孤立無援，你感受到孤獨只是因為找不到同類，再孤獨的人也有同類。

你需要愛自己，因為這個世界上真正愛你的人並不多，如果自己再不愛自己，就真的孤立無援了。學著重視自己，比如，把自己的生日當作一年中最隆重的一天來度過，或是買一些小禮物慰勞一下自己等等。一個人面對世界是很辛苦的，不要因為任何人和事而感到卑微，要抬起頭，驕傲地活下去。

很多事情都是逾時不候的，不要再讓自己的目標僅僅是空話，不要再說「等我有錢了」或是「等我有了時間」這樣的話，無論在什麼處境，人都可以活得充實而有趣。趁此身未老，做些躺在搖椅上想起都會嘴角上揚的事吧。

你需要對金錢有更理性的認知，大部分的問題都是錢造成的，或者說錢確實能解決大部分問題。它是你獨立生活的底氣和本錢，擁有的越多，就會發現在很多事情上，你會有更多的選擇和自由。學會儲蓄，不要被盛行的消費主義帶著走，口袋裡有錢，心裡才不慌，它會為你帶來極大的安全感。人活於世，你既不能像關掉社群媒體一樣切斷所有與外界的聯繫，也不能控制其他人的想法，你唯一能完全掌控的事情就是做好自己。

你雖然佛系，但知道分寸，知道什麼是自己想要的和需要付出的。命運本就如此，得到一些，也會失去一些，不必羨慕別人擁有的，因為你不知道他們失去了什麼。人生短短數十載，我們也要成全一下自己，允許自己任性，允許自己有欲望，允許自己「虛度」時光，只要知道自己熱愛什麼。人間走一遭，別只顧著揮霍，也應有所收穫。

你能感受到人間的善，也能察覺到人性的惡；有在欲望驅使下的不受控制，也有孤獨襲來的陣陣痛意。有時你和友人溫暖地相遇，體會談笑間的溫情；有時你旅行到從未踏足過的地方，感慨造物主的神奇；有時你會發現旁人的不懷好意和刁難；有時你會在困難重重之際，碰到峰迴路轉的驚喜。而這一切都會成為過往雲煙，只存在於你的記憶中。

你獨自體會著人間，想知道人生的意義。我也被問過這個問題，但我覺得人生本來沒有意義，不過因為人有了意識，才有了所謂的「追尋生命的意義」。活著是種體驗，感受人生百態，感受大千世界的神奇和壯麗，感受人情的溫暖和悲歡。

所以，不必為難自己，離開人群自在獨行和與知己好友結伴前行，各有妙處。如果有幸遇到相互契合的人，彼此陪伴度過人生漫長的時光，也不失為一件美事。

Part 1

再孤單的人也有同類

Part 2

不孤獨的人生

Part 3 全世界少了一個你

Part 4 我所理解的生活

目錄

Part 1

再孤單的人也有同類

不論性格是內向還是外向，是敏感還是鈍感，
性格本身都沒有好壞之分，
只是反映在每個人的身上會產生一些問題，
我們需要做的是面對這些問題，而不是改變性格。

盲目地合群，不過是平庸的開始

01

我友似群，卻常孤身一人。

我性格慢熱又不善交際，比較排斥團體活動，總感覺自己是一個格格不入的人，跟不熟悉的人說不出客套話，有時候碰到別人開玩笑，自己還會覺得很尷尬。

我們從小所受的教育是鼓勵合群的，不合群彷彿是一個貶義詞。老師對我說要熱愛團體、友好同學，父母對我說要和別人搞好關係，於是我開始嘗試去迎合別人，學著與人聊天，和過來人學說場面話，但最終我發現自己的內心很痛苦，**我迎合別人是以丟失自己作為代價的**。勉強自己去合群是一件違背內心的事情，但生活中仍然有很多人硬逼著自己合群，原因無非有兩個：一是害怕孤獨，無法獨處；二是害怕被大家排斥，甚

大多數人都是害怕孤獨的，
無法獨處，忍受不了寂寞，
只能努力地融入他人的圈子
以獲得群體的認同，
因此，必然會犧牲掉一些個性。
我們違心地選擇做「大多數」，
只會讓自己越來越平庸。

至被歧視。

在學生時代，如果有的同學喜歡說一些口頭禪，其他同學就會跟著他們一起說，彷彿只有這樣才能夠表現出自己也很酷，能與這些人打成一片；當某首歌曲流行起來，你卻還在聽一些老歌時，就會被人說「你落伍了」；甚至有些人會共同嘲笑一個性格可能有些孤僻的同學，以此來獲得彼此的認同感。

成人的世界也是如此，當大家都在酒場上誇誇其談互相勸酒的時候，你堅持不喝就會被認為不識抬舉；當你不願和大家聊一些低俗話題的時候，也會被認為是裝清高、假成熟。

我因為不合群吃過很多虧，被親人責怪，被同學嘲笑，被長輩訓斥，但是我依舊選擇了堅持自我，不盲從也不妥協。後來我才明白，我們都是人，卻不屬於同類。人和人之間，三觀可以天差地別，有些人的三觀可以大大顛覆你的認知。**你無法在一個與你三觀不同的人那裡找到認同感，原本不在同一個頻率，也就不會有共同語言，一味地迎合別人來實現所謂的合群其實只是在浪費時間。**

02

寫手阿萌是我很喜歡的一個作者，有一次我問他怎麼沒在自己個人的社群帳號發過文章，他跟我說了他的故事。

他是個低調的人，上了一所不知名的大學，沒事的時候就喜歡待在宿舍裡，並不想參加任何活動，在他眼裡那些活動都十分無聊。自己力所能及的事情他也不喜歡請別人幫忙。他只想安靜地思考和寫作，已經習慣了一個人吃飯，一個人走路，一個人泡圖書館。他說獨處的時候可以認真思考自己的夢想和人生。

身邊的同學漸漸因他的不合群而嘲笑和排擠他。他的室友們整天待在宿舍裡打遊戲，看到阿萌看書就說他裝模作樣；當他從圖書館回到宿舍，室友又會冷嘲熱諷地說：「大作家回來了呀！」他從來都只是笑笑不說話，他不擅長表達，也不想解釋什麼。

二〇一六年，阿萌開始經營自己的社群專頁，同時也開始在各個網站和雜誌上發表文章，特長慢慢得以展示。他開始有了一批粉絲，也認識了很多志同道合的人，當然，他什麼也沒有跟自己的同學說。阿萌從來不在個人的社群帳號發自己的文章，一方面是不想讓身邊的同學對自己胡亂評價，另一方面也是想著要厚積薄發，等自己小有成就了再把自己所堅持的事情公之於眾。

其實阿萌並不是一個孤僻的人，他在和我聊天的時候話真的很多，和自己的好朋友打電話也總能滔滔不絕地聊上兩個小時。沒錯，和有共同語言的人聊天是很愉快的事情，而要和自己聊不來的人裝成好哥兒們真的很累。現在的阿萌已經小有成就，在自媒體領域做得風生水起，他的不合群也終於給了他正向的回饋。

在農耕文明時期，人們有著「集體作息」的傳統思想，那時的許多事確實是需要大家團結起來完成的。而在如今這個高度現代化的社會，熟人關係不再是人們賴以生存的最佳途徑，個人需求越來越被重視，人的自我意識日漸覺醒，更加注重自我心理的舒適，但依舊有很多人活在假裝合群的狀態裡。為了所謂的合群，他們不僅浪費了寶貴的時間，也錯過了許多屬於自己的快樂。

想回家陪陪家人，卻為了合群而參加無聊尷尬的酒局；想一個人安靜地看一本書，卻因為怕被室友孤立而跟著一起打遊戲；不喜歡追星，卻為了跟朋友有共同話題，開始瞭解八卦新聞；原本還沒有做好結婚的準備，也沒有遇到合適的人，卻因為要和身邊的人同步，隨便地開始了結婚生子帶小孩的生活等等。

合群才能交到更多朋友，訓練自己與人交往的能力才能在事業上有所成就，這種說法有一定道理，但並不適合每一個人。我們不能要求每個人都合群，縱觀歷史名人，我們會發現，凡有成就者大多極具個性，並非隨波逐流者。

余華在《在細雨中呼喊》中寫道：「我不再裝模作樣地擁有很多朋友，而是回到了孤單之中，以真正的我開始了獨自的生活。有時我也會因為寂寞而難以忍受空虛的折磨，但我寧願以這樣的方式來維護自己的自尊，也不願以恥辱為代價去換取那種表面的朋友。」

對有些人而言，虛無比虛偽更加高貴。但這有一個前提，就是要在不盲目合群的狀態下沉澱自己，或獲得令人仰慕的事業成就，或度過充實而溫情的日常時光，所有做出的抉擇都是忠於內心。

喜歡尼采的人一定聽過「雄鷹決不結隊飛翔，那種事應當留給燕雀去做……高飛遠翥，張牙舞爪，才是偉大天才的本色」這句話。中國古代也有句老話——燕雀安知鴻鵠之志。嘰嘰喳喳的燕雀總是成群結隊的，孤傲的雄鷹才能夠展翅高飛。

大多數人都是害怕孤獨的，無法獨處，忍受不了寂寞，只能努力地融入他人的圈子以獲得群體的認同，因此，必然會犧牲掉一些個性。**我們違心地選擇做「大多數」，只會讓自己越來越平庸。**

┬ 03 ┴

可能是人以群分，我的身邊有很多不合群的朋友，他們往往都有幾個相似的特點。

喜愛的事物過於小眾

大眾喜歡追星、打遊戲、追劇、聊八卦，而他們卻喜歡玩爬寵、看歌劇、寫手帳、讀小眾文學等。愛好偏小眾的人當然和身邊的大多數人沒有很多的共同語言，志趣不同，自然容易顯得和別人格格不入。

不善與人打交道

周國平寫道：「我天性不宜交際。在多數場合，我不是覺得對方乏味，就是害怕對方覺得我乏味。可是我既不願忍受對方的乏味，也不願費勁使自己顯得有趣，那都太累了。我獨處時最輕鬆，因為我不覺得自己乏味，即使乏味，也自己承受，不累及他人，無須感到不安。」

與人打交道是一件很累的事情。有的人不善言談、內向或自卑，擔心自己的冷淡會給別人帶來尷尬，所以更喜歡一個人輕鬆自在、無所顧忌的狀態。

 # 享受獨處的樂趣

喜歡獨處的人，精神世界往往更豐富，他們在最為輕鬆自由的狀態下，思己所思，做己想做。人只有獨處時才會產生更深層的思考。**我們的不合群並非孤僻，只是不願意和自己不喜歡的人合群，更喜歡做自己喜歡的事**。我們不應該為自己的不合群而感到苦惱，也不必為了所謂的合群浪費自己的時間。

我自己也不是合群的人，始終不想融入團體，有時會被孤立，有時會被人詬病。我曾自我反省，也曾嘗試改變，但最終發現那些都並非本心，所以，我選擇堅持自己。我雖然不合群，卻有很多朋友。我的朋友不是那些單純認識的同學或同事，而是經過長時間的積累沉澱下來的和我志同道合的人。**尋找自己喜歡的圈子並且融入其中，才能保證你是自由的**。

儘管我友似群，卻常孤身一人。我特意留出屬於自己的時間，一個人看書，一個人發呆，一個人思考，一個人哭泣。從某種程度上來說，這也是一種難以言喻的美妙。如果你和我一樣，都是不合群的人，那就去發現自己真正熱愛的事物，找到和自己聊得來的朋友吧。一個人的時候可以安靜地看書、練字、健身、思考人生，遇到知己時就把自己的想法分享給對方。

學會享受獨處，在與自己的對話中獲得樂趣，自我反省，自我激勵。當你按照自己的想法去做一些喜歡的事情，不受群體的約束和命令的時候，獲得的其實是一種莫大的自由，這是一份來自孤獨的禮物。

即使目前沒有遇到志同道合的人，也不要害怕一個人做一些事，不能因為沒有同道中人就不去做喜歡的事情，更不要因為害怕孤獨就逃避獨處。**你終究會明白，人生總有些路要一個人去走。**

不介意孤獨，也不介意與人舒服地相處

01

小時候的我很喜歡到處跑，總是呼朋引伴一起上學、打鬧，我覺得我一刻也不能自己待著，放學回家之後，吃完飯就又會去外面瘋跑。那時候如果我一個人走在街上，就會覺得自己很突兀，渾身不自在，覺得別人看我的目光裡都帶著同情。我也會為此感到尷尬，外出買東西都會找個人一起，很討厭那種孤身一人的感覺。

後來慢慢長大，能在一起有說有笑、打打鬧鬧的朋友越來越少。上了大學，我開始一個人去學生餐廳吃飯，一個人回宿舍，一個人去圖書館，凡事都一個人去做，習慣之後，慢慢不再感覺奇怪。其他人有時候會覺得我特立獨行，但我確實是沒有遇到與自己合拍的人。

很多人一邊抱怨活得太累，
一邊又無底線地選擇妥協；
一邊覺得別人過得瀟脫，
一邊又不肯擺脫世俗的條條框框。
最終，既沒能堅定地做自己，
也沒有成為世俗認定的那種人。

當大家在做任何事情都更懂得考慮他人的感受時，似乎也就開始隱藏起真實的自己。與人深交越來越難，反而一個人獨來獨往時感覺最自由。我很少麻煩別人，能自己解決的都自己去處理，我一直認為麻煩別人是一件難以啟齒的事情。

遇到的人越多，就越發現真正可以聊得來的人真不多。成年人的世界不像小時候那麼純粹，和別人相處時EQ要好，要互相遷就，人不能處於一個完全放鬆的狀態。更多的時候，我們也都想要找到聊得來的好友，可誰都不願意主動去瞭解別人，就算有幾個好友，也都喜歡有自己的時間和空間，只能抽空小聚。

上廁所都需要人陪的人是無法理解為什麼有些人會選擇獨來獨往的，他們會覺得這種人是無趣的。可對我而言，一個人的時候是最輕鬆自在的。我性情溫和，喜歡安靜，不善應酬，雖然會被誤認為很難相處，但瞭解之後會覺得我很平易近人。

02

我們不可能永遠有人陪伴，總歸是要一個人生活的，至少有一段時間。獨處是一種超能力。

獨來獨往的我們，當然要試著學會享受一個人的生活，不會因為身邊的人離開而鬱悶不安。現在的我，即使幾天不說話都沒關係，我很享受一個人的時光，獨處的時候內心平和寧靜。**曾經，我以為孤獨是需要戰勝的，現在才發現每一個人都是一個孤獨星球，孤獨漸漸成了自己的影子，於是我與它成了朋友，相依為命。**

孤獨不一定就是沮喪寂寞的，也有可能是富足自由的。一個人看電影，覺得很自在；一個人旅行，感覺看到了不一樣的風景；一個人買菜做飯，認為不需要多好看，好吃就行。獨來獨往並不可怕，我真正感到寂寞時，往往都不是一個人，而是身處在人群中。

和同學們在ＫＴＶ唱歌的時候，我一個人待在角落，一連幾個小時的歌聲加上酒勁讓我昏昏沉沉。朦朧中看著眼前的身影，忽然覺得，面對這些人，除了反覆地咀嚼那些過往的記憶，根本沒有其他話可說。對於每一個人我都有一種剛剛結識的陌生感，無法融入其中又被困在原地，只覺身心俱疲，感到不可名狀的孤獨。

和自己喜歡的人吃飯，明明聊得很開心，離得也很近，但發現兩個人之間的距離卻很遙遠。回家的路上車水馬龍，手機裡有著「路上注意安全」的叮嚀訊息，但那一刻竟然會感到不安，忽然產生了強烈的孤獨感。

朋友離開大城市打算回家鄉發展，離開的前兩天陪他逛街，晚上伴著燈紅酒綠和人來人往，我們坐在一起談笑。他是從小和我一起長大的朋友，我們幾乎每天都玩在一起，如今卻要各奔東西，未來更是一年難得見上一面，那個瞬間，我感到一股冷風夾著令人窒息的孤獨感向我襲來。

我們都願意與人交往，可偌大的世界卻少有人懂得自己。相交滿天下，知己無一人。索性一個人自在獨行，偶爾約上三兩好友把酒言歡，已然足矣。

03

每個人身邊可能都會有這樣的人——與人為善，卻喜歡獨來獨往。我是這樣的人，也許你也是。不懂拒絕，恐懼社交，擔心麻煩到別人，寧願為難自己也不願意傷害別人，別人對我們稍微好一點，我們就會覺得不好意思，感覺虧欠對方。

之所以喜歡獨來獨往，其實是出於自我保護的意識。我們能夠感受別人的痛苦，處處都會給人留情面，凡事寧可自己吃虧，不然心裡就會特別過意不去。但並不是所有的人都是如此，也有很多人很直接，心直口快，缺乏同理心，不會太過顧慮別人的顏面。和這種人相比，我們這類人在人際交往中往往是費力不討好的一方。

交往的人越多，自己的消耗越大；朋友越多，越感到倦累。而我們也曾試著拒絕別人，想著要有話直說，但每次事到臨頭又不忍心。對於我們這樣的人而言，讓別人痛苦就會讓自己更痛苦，所以我們選擇減少社交。我們不是討厭社交，也不是抵觸社交，而是只想和能交往的人交往。獨來獨往的人不一定缺朋友，我們更喜歡和志同道合的人在一起。我們在群體中容易顯得格格不入，因為我們並不擅長也不願意虛與委蛇。如果你留心觀察，就會發現這些獨來獨往的人都是外冷內熱的。無論表現出來的有多高冷，接觸之後你就會明白，一旦成為朋友，他們會帶給你意想不到的驚喜。

我想，喜歡獨來獨往的人都會苦惱，因為不能融入群體中，而生活卻在逼你改變，要求你EQ要高，具備和所有人交朋友的能力，成為別人都喜歡的人。

在我看來，社交的作用被無限放大了。社交的主要目的無非是陪伴和說明，能夠陪伴自己的肯定得是合得來的人，與這樣的人相處讓我們感到舒適，這樣的人是我們的同類。可同類萬中無一，我們身邊多的是泛泛之交，如果非要強迫自己融入這樣的群體，會讓自己很辛苦。

為了合群強迫自己承受這種不必要的痛苦是本末倒置的，所以盡量不要勉強自己，不必太在意別人怎麼說，因為你的生活還得自己過。只要你有能力把握自己內心的真實訴求，就可以完全不在意其他人的看法和意見，真正地做自己。

很多人一邊抱怨活得太累，一邊又無底線地選擇妥協；一邊覺得別人過得灑脫，一邊又不肯擺脫世俗的框架。**最終，既無法堅定地做自己，也沒有成為世俗認定的那種人。**

當然，不是說每一個人都應該獨來獨往，而是說要以更開放的心態來看待所有人，遇到獨來獨往的人，不要戴著有色眼鏡去看待，更不要黨同伐異。每一個人都有讓自己舒適的生活方式，世界應該接納更多的不同。

那些待人友善卻總是獨來獨往的人，他們只是單純地不想讓自己活得那麼累，不勉強自己做不喜歡的事。待人友善是這些人的修養，獨來獨往是他們的性格。人類的性格有千百種，每個人都不同，他們只是選擇了和自己喜歡的人在一起，做自己喜歡的事，和聊得來的人交往，僅此而已。

每一個人都是一個孤獨星球，
孤獨漸漸成了自己的影子

孤獨終老遠比我們想像的複雜

01

二〇一八年的統計資料顯示：中國的單身成年人口已經超過了兩億，獨居成年人口也超過了七千七百萬，並且還將持續增加。按照這個趨勢，獨居在未來可能會成為十分普遍的生活方式。隨著自我意識的增強，越來越多的人選擇不婚、頂客等生活方式，傳統的婚姻觀面臨著時代變遷的巨大考驗。更直白地說，誰也不敢說會和誰一起走到生命的終點，而孤獨則成了必須面對的問題，也可以說，誰都不願意將就著過一輩子，寧可獨身，也不願委屈自己。

也許你現在正在享受一個人的美好時光，活躍在各大社交媒體，向全世界宣布自己經濟獨立、思想獨立，完全可以一個人過好這一生。然而回到現實生活中，請你認真地想一下，自己真的可以一直孤獨地生活下去嗎？

你有沒有想過，自己也許會孤獨終老，或者在人生最後的一段時光只有自己。你不得不承認，孤獨沒有那麼文藝，它比我們想像的更加沉重。

─ 02 ─

日本NHK曾推出過一部紀錄片，名字叫《無緣社會——無緣死的衝擊》，它記錄了日本的某種現象。所謂無緣社會，指的是許多年輕人沒有朋友，無社緣；和家庭關係疏離甚至崩壞，無血緣；與家鄉的關係也屬於隔離斷絕，無地緣。

很多人年輕時獨自一人在外生活，沒有建立家庭，老了之後沒有兒女親屬，他們最終都會走向「無緣死」，在孤獨中死去。這樣去世的人，在

孤獨是一種常態，
比孤獨終老更可怕的是不能與孤獨握手言和。
如果你注定會孤獨終老，
那就先學會和孤獨相處。

日本每年超過了三萬兩千人。

紀錄片由一個叫小林忠利的男子拉開序幕，他在年輕的時候懷揣夢想來到東京打拚，他兢兢業業地工作，多年來也沒有結婚生子。後來父母去世，再回到家鄉時，只剩下父母的靈位。因親人漸漸離去，他再也沒有回到故鄉。直到退休後，他獨自一人生活，沒有朋友，沒有親人，死在房間五天後才被人發現。即使被發現了，他的屍骨也無處安放。小林忠利是孤獨的，把一生獻給了工作，最後孤獨地迎接死亡，沒有人可以牽掛，也沒有人記掛著他。

常川善治是一名計程車司機，他在父母死後就漸漸和親戚們斷了聯繫，就連自己的哥哥也很少聯絡。他在孤獨中度過了最後的光陰，死後同樣無人知曉。

若山缽子年輕時努力賺錢，也獲得了很大的成就，但是因為忙於工作沒有選擇結婚，到了晚年父母雙雙離世後，只能一個人獨自生活。她意識到自己終將「無緣死」是在她得了癌症，孤零零地一個人去醫院化療時。為了避免出門，她開始不斷地囤積食物。年已古稀的她對記者說：「我也是個好強的女人。說不寂寞，那是騙人的，最近一想這些事就掉眼淚。」她能夠預見自己變成一堆白骨時，也沒人知道。

這些人年輕的時候就過著獨居的生活，等到親人故去，就與家鄉失去了聯繫，晚年往往過得很悲慘。有的人死後，屍體無人認領，火化後會被當成垃圾扔掉。

我們正處在世界飛速發展的進程中，人與人之間的關係越來越淡漠，人與故鄉的距離也越來越遙遠。很多年輕人在大學畢業後就背井離鄉，過著與親友分離的生活。我們認為自己勇敢又兼具個性，可以無所顧慮，是因為我們還年輕，何況父母尚在，還有人支持我們。

每當有人表現出對孤獨終老毫不在乎或是覺得孤獨沒什麼大不了的時候，我都希望他可以認真地思考一下，因為孤獨終老遠比我們想像的要難得多，孤獨感遠比我們想的更讓人煎熬。

03

《無緣社會》節目組一共收集了一萬四千通來電：

我是一名二十歲的男性，說實話我感到非常孤獨，甚至有過自殺的念頭。希望身邊的人能和我打個招呼，隨便說什麼都好。

沒有任何人來幫我，已經到極限了，孤獨得難以忍受，我的心快要碎了。

我是一個注定生無可依的人。

他們害怕與別人建立聯繫，因為擔心有一天關係破裂之後會更痛苦，漸漸地越來越不知道如何與人交流了。

孤獨感是一種強烈的情緒。也許許多人也會在平淡的生活中偶爾感到一絲空虛和寂寞，但我們知道這是暫時的。對於一無所有的人來說，孤獨感可能是致命的，驀然，天地之間，彷彿只剩自己。

人生在世，孤獨是繞不開的話題，而孤獨終老遠比我們想像的更複雜。**孤獨是一種常態，比孤獨終老更可怕的是不能與孤獨握手言和。如果你注定會孤獨終老，那就先學會和孤獨相處。**

04

孤獨終老是一種什麼體驗呢？

對於大部分普通人來說，孤獨終老意味著寂寞、無助、恐慌、無奈。現在的農村裡就有很多空巢老人每天獨自坐在門口，眼神呆滯，我們的未來也許會更悲慘。因為現在的空巢老人至少還處於一個「熟人圈」，有鄰里間的熟人、朋友相伴，還有子孫後代可以期盼。而我們這一代到了那個時候，或許只能獨自承受這份孤獨。

如果預見到不可避免的孤獨未來，那麼從現在開始就要未雨綢繆。我們需要儲蓄，倘若我們六十歲退休，想要體面地度過餘生，就必須有足夠的存款。我們要有豐富的精神世界，培養一個能讓自己沉浸其中的愛好，讓它成為精神支柱。不要視孤獨為敵人，如果可以，順其自然地交個志同道合的朋友也不錯。這些是為了能好好地孤獨終老要做的準備。但還有一種特殊的情況，就是極致的孤獨。

在極致的孤獨下，人是無能為力的。年輕人之所以能夠在興趣愛好中得到滿足，在與朋友交往時感到愉悅，是因為他們擁有希望，背後有一個溫暖的家，或者有其他可以撫慰自己的人。而對於年老、希望徹底破碎的人來說，任何事物都不能讓他們好奇和興奮，他們最終會在這種極致的孤獨中離開世界。

未雨綢繆不是壞事。假如你打算不結婚或者不生孩子，哪怕孤獨也要過自己真正想要的生活，那麼趁年輕多存些錢不是壞事。如果有幸遇到志同道合的朋友，也許有一天在即將離開世界的時候，可以先發個訊息給對方——記得來我家幫忙收個屍。

別因為敏感，讓心被委屈填滿

01

在生活中有很多外冷內熱的人，這一類人很多都是高敏感型人格。他們內心敏感細膩，內心活動也更豐富。他們會因為別人的一句話而想很多；會因為擔心別人不高興而不好意思拒絕；會因為自己所做的事情不夠完美而強烈地自責；會表現得很懂事，寧願自己吃虧也不想讓別人為難；不喜歡人多喧鬧的場合，只想與三五好友小聚；不會輕易開口找人幫忙，不願意給別人添麻煩；會因為不合群而感受到壓力；時常因為敏感覺得又累又委屈而想要改變，但始終還是以疏離的姿態活在自己的世界裡。

敏感的人總是更加考慮別人的看法。我自己就是一個敏感的人，還是很瞭解這樣的人的內心的。

我以為察言觀色是一種「超能力」，
在人際交往中是一種高ＥＱ的表現。
後來我發現這樣真的太累，
很多時候
都是討好了別人而委屈了自己。

我從很小的時候就很會察言觀色，能夠從言語和肢體動作察覺到別人的情緒和內心，他們每一個細微的情緒波動我都能捕捉到，並不斷地依據別人的情緒來調節自己的節奏，盡量讓別人感到舒適。

原本我以為這是一種「超能力」，認為在人際交往中是一種高ＥＱ的表現。後來我發現這樣真的太累，很多時候都是討好了別人而委屈了自己。

敏感的人都有很強的深度理解能力，只需要給一點暗示就能讀懂背後的意思，不太可能會讓別人感到為難或是不舒服，甚至會因為顧忌別人的感受而犧牲自己的部分利益。

我有個朋友很內向，不擅長和別人打交道，特別是和同事相處。每當她從一群同事身邊走過，她就覺得所有人的目光都聚焦在她身上，聽到他們的笑聲就感覺是同事們在偷偷嘲笑她，內心非常不安。有時候還會覺得別人的某一句話是在針對她，但她又不肯當面問個清楚，只能在內心不停地煩悶、糾結。

我告訴她，如果再聽到同事在笑，覺得是針對自己的時候，不妨走過去聽聽他們究竟在聊什麼；如果感覺有人在看你，也不必躲閃，自然地直視對方，肯定會有意想不到的結果。她硬著頭皮試了後對我說，果然不出我所料，同事之間的談笑並不是關於她的，和別人對視時，別人還會對她微笑。她釋然了，不再為此耿耿於懷，獨自糾結。

敏感的人有時只是因為心思太過細膩而對很多人和事產生了一些過度解讀，當發現一切都只是自己想太多的時候，就不會再為此感到痛苦。其實，我們對別人來說並沒有那麼重要，不用太在意別人，做好自己就好了，何況大家都很忙，不會總是把你當話題。太宰治說：「太敏感的人會體諒他人的痛苦，自然就無法輕易做到坦率。所謂的坦率，其實就是暴力。」

因為內心敏感，我們能讀懂別人的情緒，理解別人的痛苦，總想著要幫別人分擔一些或是不忍心讓別人再因為自己而更加痛苦，這樣往往會使自己活得不夠自在和灑脫。而那些性格大大咧咧的人不會想那麼多，他們更容易快樂。從某種意義上來講，想要真正活得坦率有時候就需要這樣，即使顯得「自私」一點，只要我們沒有主動去傷害別人，都是可以的，**不要因為沒有無私地幫到別人而感到自責**。我們有時會覺得不應該讓別人難堪，說話要委婉一些，別人需要幫忙時一定要盡心盡力，但更多時候，這樣的善良會被視為軟弱，會被人當成弱點來攻擊。

我們不用太在意別人的想法，首先應該關注的是自己的內心。先學會好好愛自己，才能夠更好地對待別人。

02

很多人都認為性格敏感是一種心理障礙。從小到大，父母和老師都希望我們成為外向、開朗的人，而敏感人群卻被貼上了「孤僻」、「自卑」、「玻璃心」的標籤。**敏感的人通常喜歡獨來獨往，很難與人進行爭辯，受了委屈也會選擇一個人消化，在別人眼裡顯得十分孤僻**。

每一個內心敏感的人都曾聽過「你想那麼多幹什麼」這樣的話，而現實往往是，他們確實會不漏掉任何細節地去想那些事的前因後果。想得多不代表想錯，多思考並非一件壞事。

有一次，主管對一位同事寫的文案不滿意，當著所有人的面斥責他，絲毫沒有顧忌他的顏面，同事當場並沒有反駁，但心裡很惱怒。因為這件事，他變得每當面對這位主管的時候就會很緊張，感覺壓力很大，甚至開始失眠。他對我訴過苦，我非常理解。在文化創意行業，輕鬆自在的環境更能夠激發靈感，心情愉悅也可以提高工作效率。

同樣的話，他也和另一個人說起過，但對方卻認為他有點脆弱，還沒有適應職場，叫他對待工作要厚臉皮一些。當然，在當今社會，**很多厚臉皮的人看起來活得更舒服一些，但這不意味著我們沒有不開心的權利。成年人應該互相尊重，說每一句話的時候都應該考慮別人的感受。**

好好說話是重要的人際交往規則。在我們還是學生時，老師就教我們，任何時候都不能隨意羞辱和謾罵他人。進入職場之後，主管可以批評我們在工作中出現的問題，但不應該傷害員工的尊嚴，這是最基本的修養。

在那件事之後，那位主管手下的幾名員工都因為和他有不愉快先後選擇了離職。這樣的領導方式是難以獲得人心的，團隊內部尚不齊心，業績更是無從談起了。

如果你上學時因為同學的某句話、工作後因為同事的某句話而感到難過，請不必為此自責。難過是我們的本能，誰也不能剝奪這份權利。有時候我也很疑惑，那些厚著臉皮選擇迎合的人真的是最適應社會生存規則的人嗎？

所謂的迎合會助長某些人的陋習，這不應該是我們推崇的方式。

03

敏感的人大多數都很善良，因為太善良，連別人那些與自己無關的情緒也會攬到身上，會太過顧忌他人的感受而不好意思口出惡言；做事的時候格外將心比心，總是盡力讓每個人和自己相處都感到舒服；遇到問題盡量自己解決，生怕麻煩到別人，把自己弄得很累。

即便如此，敏感在很多人眼裡仍然是負面的，敏感的人還會被某些人認為是軟弱可欺的。

敏感的人說話做事都顧慮太多，怕自己會輕易地傷害別人。有些人卻利用這一點來傷害你，肆無忌憚地利用你的善良，不計後果地攻擊你。敏感的你，一定會感到委屈吧？明明在做好事，反而成了別人攻擊的靶子；明明很努力地想照顧到每個人的感受，卻沒有得到任何一個人的認可。

在這裡，我想為內心敏感的人正名。敏感者多是善良、真誠、可愛的人，他們沒有太多的言語表達，但是有著細膩的內心和豐富的精神世界，即使表面上看起來有一些冷淡，深入瞭解之後，卻可以發現他們都有一顆溫暖的心。

珍惜你身邊那些內心敏感的人，他們要的不多，只是彼此的尊重而已。同時，我也願每一個敏感的人都能找到與人相處最舒服的狀態。

最後，願敏感的你可以遇到真正懂你的人。

不要因為沒有無私地
幫到別人而感到自責。

當你足夠厲害，人脈自然會來

01

友誼是何時消失的？我覺得是從越來越多的人把它稱為「人脈」開始的。我想你一定聽過這樣一句話：能力比學歷重要，人脈比能力重要。如果你對它深信不疑，那就繼續往下看吧。

我的好朋友阿遠剛剛上大學的時候就把同學視作自己將來的人脈，他學著父輩們的樣子進行人際交往，積極加入學生會，不是在學生會忙前忙後，就是忙著和一群人在酒桌飯局上稱兄道弟，累積了很多所謂的人脈。他覺得如果不這樣，將來肯定沒辦法好好地在社會上立足。

後來的一次聚餐上，阿遠的變化之大讓我十分驚訝。他開始打起了官腔，而且變得很油滑，場面話說起來一套一套的，拚酒的架勢像是要不醉不歸。他不停地向我們吹噓自己認識了多少學霸，下學期就能當上學生會主席。我私底下和他說這種關係並不真誠可靠，卻被他用「幼稚」二字懟了回來。

我是親身感受過世態炎涼的。你幻想著大範圍的交際可以讓你在將來需要幫助的時候有人拉你一把，但這個社會在某種程度上仍舊遵循著弱肉強食的叢林法則，你會發現，**大部分的時候並沒有人會真的願意幫你，除非你的價值和你所說的人脈處於遠遠高於他們的狀態**。更直白地說，就是人際交往是以朋友的名義互相幫忙和彼此利用，所以你要有利用的價值才能夠與人進行等價交換。不要以為經營人脈就是為自己鋪路，你只是在為自己所浪費的時間找個藉口罷了。

02

看路上的繁華，走自己的人生。
無須為取悅別人而違心地笑，
也不用為偽裝感動而刻意地哭。

一個人認識什麼樣的人以及別人怎樣看待你，很大一部分取決於自身的高度，一味地追求人脈只會適得其反。**千萬不要在一無所有的年紀苦苦經營所謂的人脈，你能接觸到的人這時都和你一樣在奮鬥中。只有肯下功夫提高能力，提升自己的品格，才可能吸引同樣優秀的人主動和你交往。**

成熟的人都很清楚，人與人之間的交往看得最重的永遠是人品，在酒局上油腔滑調的人自以為精明，其實卻似一個跳樑小丑。大多數人對一個人的評價更多的是取決於做事可不可靠，而不是話說得漂不漂亮。只說不做的人也許一開始可以取得一些人的信任，但接觸和熟悉之後，本性早晚會暴露無遺。

有些人看起來很老實，不顯山露水，也不說場面話，但辦事穩妥。朋友之間交往，一旦你有困難，能伸手拉你一把的往往是這樣的人。所以，建議大家還是把朋友和人脈分開，朋友之間的友誼是純粹且不摻雜利益的，也是需要用心維繫的。朋友不是越多越好，重要的是能交心。

我有一個同鄉在大城市上班，不小心摔斷了腿，去醫院看他的只有自己的幾個親戚和認識多年的哥兒們，而在大城市認識的那些所謂的朋友沒有一個去看他的。我也知道一個牛津大學畢業回國創業的年輕人，事業風生水起時身邊有很多人，失敗之後，那些朋友一哄而散，再也不和他來往。

03

有一次跟一個前輩聊到人脈，他說自己年輕的時候也是兄弟成群，光拜過把子的兄弟就有好幾批，可現在都忙著各自的生活，很少聯繫。就算真遇到什麼事，那些人大概也是袖手旁觀的。

真正的朋友當然有。他們能夠在你遇到人生陷阱時伸出援手，不是因為你對他們有用，而是因為你是朋友，僅此而已。很多時候人們堅信自己所經營的人脈圈子是穩固的，如果沒有遇到人生中一些重大的挫折，可能的確如此。

我們在生活中會遇到很多人，每個人都在過自己的生活，希望活成自己想要的樣子。在我看來，我們不必從他人身上尋找自己的存在感，改變自己的同時，你身邊的人和事自然會隨之改變。

看路上的繁華，走自己的人生。無須為取悅別人而違心地笑，也不用為偽裝感動而刻意地哭。世界就是這樣，無論貧窮富貴都會有不同的無奈，做好自己，不刻意迎合他人，努力實現自己的價值，不用勉強自己去經營所謂的人脈。如果人生旅途中有幸可以遇見幾個摯友，結伴而行，那就再好不過了。

我不是不想說話，只是不想和你說話

01

以前在網路上看到熱門新聞下的一些讓我氣憤的留言時，我都會和對方爭執幾個回合，當誰都說服不了誰時，就會用難聽的話狠狠地攻擊一下對方，然後遠離這種人。而現在，無論是在網路上還是生活中，即便有人說的每句話我都不贊同，我也不會再與對方爭執，當彼此的志趣和三觀都有巨大的差別時，多說一句，就是多折磨自己一次。

我不抽菸、不喝酒、不打遊戲、不看打發時間的綜藝節目、不喜歡吹牛，更不喜歡說廢話。在很多人的眼裡，我是個無趣的人，我從不反駁，只是繼續過好自己的生活，因為我很清楚，不是我無趣，只是我們志趣不同而已。我們的世界本就沒有交集，你卻跑過來擺出一副關心我的

不要為了迎合別人而偽裝自己，
不要一次又一次地強顏歡笑，
把自己弄得身心俱疲。

樣子對我說：「你這個人怎麼那麼不愛說話？你這樣會被社會淘汰的。」可是，我和你有什麼可說的呢？

有一種人好像什麼都懂，萬事萬物都要評論一下。看動物節目裡聊到鱷魚時，他說鱷魚肉不好吃，應該是酸的，我驚訝地問他是否吃過，他搖搖頭後開始瘋狂分析鱷魚肉為什麼是酸的，我只能沉默。我借了本韓寒的《雜的文》，他看到之後對我說：「韓寒的書你也看？」我問他是否看過，他仍然搖頭，我只好繼續沉默。

對於無知的人，我不與他們來往便是了；而碰到不懂裝懂的人，我也不會和他們爭辯，因為有的人是沒辦法正常溝通的，如果實在避不開，那只需聊聊日常就行了，比如早上吃的是什麼或是晚上幾點睡。慢慢地，我越來越能掌握說話的分寸感。我們有時候不能完全拒絕和某些人交流，但面對不同的人，可以選擇討論不同的話題。

還有一種人，看似能說會道，但實際上只是吹牛而已，他們整天混在人堆裡扯東扯西。有人認為這種人才是會為人處世的，只有這種人ＥＱ才高。但吹牛和高情商並不是同一回事，真正的高情商指的是在與人相處時懂得控制情緒並可以充分地考慮對方的感受，讓對方感到舒服。

這種人在自己滔滔不絕說著的時候會感到很滿足，因為所有人都在看著他，他特別享受別人的目光都在自己身上的感覺，有時候，他還會開兩句一群人中存在感最弱的那個人的玩笑，以顯得自己很幽默。這是情商極低的表現，非常令人反感。

很多人還會認為在人前只說好話或者請人幫忙時好話不停的人是成熟的，我身邊就有不少這種「成熟」的人。平常聊天時，屬他嗓門最大，有事拜託我的時候說話最好聽，但如果碰到需要他幫忙的事，就會從他嘴裡聽到「麻煩死了」這樣的話。這種在很多人眼裡是高ＥＱ的人其實是最自私的，他們往往熱衷於在人群中表現自己，會為了突出自己而貶低別人，這種人在生活中是需要遠離的。

「酒逢知己千杯少，話不投機半句多」是有一定道理的，**不要為了迎合別人而偽裝自己，不要一次又一次地強顏歡笑，把自己弄得身心俱疲是得不償失的**。

現代社會的人們是具有流動性的，不再像原來一樣那麼看重熟人的圈子，一輩子可能只待在一個地方，接觸的都是固定的一群人。時代的進步帶來了巨大的改變，現在每個人都可以不斷擴展自己的圈子，如果不喜歡周圍的人，有很多方式去認識其他的人，接觸自己喜歡的事物，找到讓自己感到舒服的人交往，和喜歡的人做朋友。選擇自己喜歡的人和事，是最好不過的。社會壓力那麼大，每個人都很忙，完全沒有必要因為幾個不相干的人對自己說了幾句難聽的話而影響我們的心情。

面對志趣相同的朋友，我可以講超過兩個小時的電話，給我一杯水我能說到天亮，但是對於有些人，我卻無話可說。你身邊一定也有很多和我一樣的人，請不要去打擾沉默的對方，他或許是在給你留面子而不肯拆穿某些謊言，又或許是正在沉思，如果你非要改變這種狀態，那你就成了他的不速之客。不是話多者就聰明，有的人不跟你說話，也許是壓根兒不想理你。

不要試圖浪費精力去改變一個人長久以來形成的觀念，除非這個人對你很重要。遇到觀念不同的人，大可點頭而過，不必深交，也不必勉強自己去磨合，這樣對雙方來說都會輕鬆一些。我們越來越不在意那些虛偽和無聊的廢話，但也不必對每一個自己看不慣的人都惡語相向。生活的瑣事讓我們柔軟且敏感的心漸漸被打磨得足以過濾和抗拒任何不合時宜的言語，我們也慢慢可以透過這些表象認清一個人的內在，決定我們面對他的態度。

每個人活著的目的都不是費盡心力地迎合別人，每個人都可以、也理應遇到喜歡的人和事，我始終相信這一點。

真正的高ＥＱ指的是在與人相處時
懂得控制情緒並可以充分地考慮對方的感受，
讓對方感到舒服。

沒人會拒絕一個懂得關心自己感受的人

01

有個朋友跑來跟我抱怨：他在宿舍裡看王朔的《我是你爸爸》，結果被一個室友看到，從此見到自己便經常說「我是你爸爸」。這個梗被傳開了，好多同學見了他也說這句話。

這件事讓他很不爽，特別是在幾個同學當著全班同學的面把這當成玩笑說的時候。他們根本沒看過那本書，也不知道王朔在那本書中表達的骨肉親情，更不知道這種無聊的玩笑已經惹得自己的同學對他們很反感。

類似這樣的情形還有很多，最常見的就是有的人會用別人的缺點取外號，肆無忌憚地開玩笑，被開玩笑的人還要配合才能讓他們滿足，如果當事人不高興，他們還會露出一臉的鄙夷說：「真沒幽默感，連這點玩笑都開不起！」

與人相處要像清風拂過麥田，
帶給人舒爽和自在，
相信真心待人也可以
換來別人的真心相待。

我勸那位朋友別理他們，做自己就好。他說不僅是這件事，他們宿舍裡還有人半夜放歌，起床的時候故意搖床，對每個人的興趣愛好都大肆評價，甚至對別人的家事也指指點點，有什麼熱門新聞也喜歡把自己的觀點強加給別人，這些都讓人感到很不舒服。

02

與人相處，最重要的是讓彼此感到舒服。自己的言談舉止應該要顧及對方的感受，不能只圖自己說話痛快而冒犯別人，你的快樂沒有權利建立在別人的痛苦之上。

我想起發生在朋友阿強身上的一件事。阿強的朋友曾經向他借了五千塊錢，沒幾天就還給了他，後來他那個朋友又向他借了一萬塊，俗話說

「好借好還，再借不難」，阿強二話不說又借給了他，但這一次肉包子打狗——有去無回了。阿強不好意思開口要，就當用一萬塊錢認清了一個人，自己也算是買個教訓。他不打算要錢了，也不打算再和那個朋友有任何來往。

有人這樣總結過：當有人向你借錢，你不借，他會很煩，但你借給他再去向他要的時候，他比你不借給他錢的時候還要煩。借錢最容易暴露人品，與人相處難免會涉及金錢上的往來，我們盡量自己解決問題，盡可能地少向別人借錢，即便遇到急事需要向人借錢，也要儘快還錢，避免雙方因錢產生芥蒂，讓大家都很不愉快。

談錢並不傷感情，但很多人會以感情的名義綁架朋友。他需要錢的時候，便覺得你理所應當要借錢給他，也因為你們的關係，借給他之後你很難開口向他要。他並沒有想過自己的行為是為難別人的，而這樣的行為足以破壞彼此之間的信任，毀了兩個人的感情。

03

小時候的我在家裡是毫無顧忌的，哪怕只穿短褲來回走動也無所謂，但如果去朋友家就不一樣了，我會盡量控制自己不像在家時那樣隨意，也不會大聲說話，盡量讓對方可以像自己一個人在家時一樣輕鬆，不會因為我的存在而感覺像異物扎進皮膚那樣難受。

長大之後再去想這個問題，我發現人與人之間的交往就應該如此。我們對別人說的每句話和做的每件事都或多或少會對別人產生影響，那我們為什麼不在說話和做事的時候多考慮一下對方的感受呢？

借的汽車還給別人的時候加滿油，借的行動電源還的時候充滿電……這些小事往往會被人忽略。千萬不要覺得別人幫你的忙是理所當然的，沒人理應無條件地對你好，連父母也不例外。

說件上學時很平常的事：當時寢室裡如果有人去繳電費，我總是當著所有室友的面轉帳給他，為的是提醒其他人也一起把錢轉給他，畢竟他不好意思一個個地向我們要這點錢。很多時候，你的一個小小的舉動能夠帶給身邊的人很大的正能量，也正是這些舉動才最能看出一個人的品格。與人為善並不需要刻意學習，這只是生活中簡單的一個利人的習慣。

在生活中，我們常常會遇到兩種人。一種人能說會道，剛認識不久就可以和對方稱兄道弟，很多人會覺得和這種人交往很爽快，但是時間一長就會發現這種人只是嘴上說得好聽，做事一點都不可靠，特別的圓滑世故。另一種人並不長於口舌，會給人一種疏離感，剛接觸的時候會感覺他像個悶葫蘆，但交往久了會讓人覺得很踏實，說話做事都讓人放心。生活中一定有很多人覺得前一種人會辦事、有能耐，而我認為後一種人才更值得深交。

04

「良言一句三冬暖，惡語傷人六月寒。」說話為什麼不能委婉一些呢？敏銳感知對方的情緒，產生同理心——沒有人會拒絕一個懂得關心自己感受的人。

「路遙知馬力，日久見人心。」他人會看到你善意的關心，終究也會發現自私和心機。不怕低調的善良，就怕故意的好心，與人相處需要讓彼此感到舒服，沒人交朋友是為了替自己找罪受的。

希望你能夠在乎別人的感受，控制好自己的情緒，可以理解和包容多種多樣的價值觀，不要把自己的觀點強加給別人，做事的時候將心比心。與人相處要像清風拂過麥田，帶給人舒爽和自在，相信真心待人也可以換來別人的真心相待。

談錢並不傷感情，
但很多人會以感情的名義綁架朋友。

你可能永遠不會因為懂事而被愛

01

明明心心念念地想要擁有，臉上卻依舊波瀾不驚；明明痛苦得撕心裂肺，嘴裡卻總是說自己沒事；明明經常被誇讚懂事，卻在人後獨自消化那些酸楚……

那麼懂事的你，一定活得很辛苦吧？

曾聽一個女生訴說自己的經歷，她比較早熟，很小就學會了察言觀色，有時候她很清楚大人想要她做什麼樣的反應。這個女生小時候家裡比較窮，還有個弟弟，父母偶爾才會買肉，做好之後，她只吃兩塊，剩下的全讓給弟弟，她說自己食量小，不如男孩吃得多；好不容易和父母逛一次街，遇到想要買的布娃娃等玩具，父母不買給她，她就把手縮了回去，生怕惹得大人不高興；看到喜歡的裙子從來不說想要，總是說「買

因為懂事，所以敏感，
生怕自己給父母帶來麻煩，
再大的委屈也一個人扛著，
這種習慣一直到長大後
也難以改變。

衣服給弟弟吧，我不喜歡」這樣的話。另外，父母多少有些重男輕女的思想，自然把能給的都給了弟弟。

上學之後，弟弟每天早上都能吃到豆漿水煎包，而她只能煮點陽春麵。媽媽誇過她最多的話就是懂事，親戚鄰居也這麼誇她，可除了這樣的一句話，她一無所獲。後來上了大學，弟弟還在上高中，她省吃儉用，在學校附近的餐廳打工，自己賺生活費，盡量不給家裡增加負擔。大學畢業後，她在陌生的城市工作，鄉下務農家庭出身、自卑的她獨自在城市艱辛打拚，父母卻拿出大半輩子的積蓄給弟弟買了車和房子。

她說自己因為懂事而失去了太多，從來沒感受到來自別人的愛，看著好吃的東西說不吃，遇到好看的衣服說不喜歡……有一次和弟弟爭執，被弟弟一腳踹到了肚子，痛得一整天直不起腰，還是說沒事。

懂事，成了父母偏心的藉口，他們理所當然地對弟弟好，因為姐姐「並不在意」。**因為懂事，所以敏感，生怕自己給父母帶來麻煩，再大的委屈也一個人扛著，這種習慣一直到長大後也難以改變**。不論遇到什麼委屈，她都會硬擠出一個笑臉，再說一句「沒關係」。

02

我們從小被父母和老師教育應該學會懂事，**只有懂事才能被人喜歡，但很多時候懂事的人往往是最吃虧的**。打落牙齒和血吞，懂事的人就算被人欺負了也不反抗，遇事習慣性從自己身上找原因，這也造成了他們深深的自卑感。就像太宰治所說：「只要被人批評，我就覺得對方說得一點都沒錯，是我自己想法有誤。」

我還聽過另一個女生的故事，她也是從小很懂事，家教良好。結婚後她成了一位賢妻良母，任勞任怨地照顧孩子和家庭，從來不忘一個妻子的「本分」，而她的丈夫卻整天遊手好閒。丈夫的家裡還有幾個姐姐，他是從小被父母和姐姐寵大的，多少有些驕橫。

丈夫喝醉酒回家發酒瘋，而她卻選擇為了孩子和這個家忍氣吞聲地維持這段婚姻，違心地過下去。她因為懂事，所以寧願維持表面的和諧，而外人只會覺得這個女生太傻了。

這是很多懂事的人最悲哀的事，懂事的人習慣了遷就別人，將就生活，時間久了，便忘了自己也是需要關心和愛護的，也是需要得到對等的愛的。在他們看來，只要還能忍受，都是可以慢慢熬過去的。

03

我小時候也是一個懂事的孩子，深知懂事的孩子有多麼辛苦，明明餓了卻說不餓，有想要的東西卻不敢說，零食也挑便宜的買……懂事的孩子都是缺愛的，他們從小就是乖孩子，青春期也不叛逆，總是與人為善，只是太虧欠自己。懂事的人習慣了委屈自己成全別人，卻導致自己活得不夠灑脫自在。

懂事是一種自我犧牲。有的人從小就懂事，無底線地讓著弟弟妹妹，理解父母的辛苦，懂得有些話會傷害到別人，所以說話時小心翼翼，處處為別人著想，卻得不到應有的回報。因為懂事，只能理所當然地吃虧，犯錯也要承擔更大的代價，正因為如此，我再也不想成為一個懂事的人，我要把心裡想的都表達出來，痛的話就喊痛，累的話就說累，不再委屈自己。

說到這裡，我要很遺憾地告訴你，你可能永遠不會因為懂事而被愛。你覺得你的付出是在愛別人，認為只有愛別人才能得到別人的愛，然而這種所謂的懂事只會讓你的愛變得卑微和廉價。你會發現你的付出往往不被重視，是因為付出不夠嗎？當然不是！**愛是對等的，不需要其中一個人為另一個人犧牲所有，這樣的愛太沉重，對方會因為無法給予相同程度的回報而選擇躲避，甚至是離開。**

先對自己好一點吧，活得真實，總會有人來好好愛你。懂事的你，真的辛苦了，**累的時候抱抱自己，從現在開始用心對待自己，委屈不該全由你來承受。你應該活成一束光，任何人靠近你都是在接近光芒。**

你可能永遠不會因為懂事而被愛，但是，你會因為愛自己而變得可愛。

累的時候抱抱自己，
從現在開始用心對待自己，
委屈不該全由你來承受。
你應該活成一束光，
任何人靠近你都是在接近光芒。

情緒敏感人群的生存指南

01

你為什麼是高度敏感者？

高度敏感是一種人格特質，而一個人形成敏感的內心的原因是非常複雜的。相關統計表示：具有高敏感人格的人大多內向。內向的人往往更加細心、謹慎，不善言辭，但內心很活躍，也更擅長獨處和思考。

我們的人格特質有部分是受後天環境影響形成的。比如一個人童年時的家庭條件很好，各方面需求都能得到滿足，那他很容易成為一個外向、自信的人；而如果一個人在童年時期各方面條件都很匱乏，那麼他很容易就能學會察言觀色，說話做事也會考慮大人的想法，容易成為敏感、自卑的人。

幾乎所有內心敏感的人都會覺得自己是人群

中的異類，也會羨慕那些和自己完全相反的人，認為別人活得輕鬆自在。他們會試著改變自己，然而人的性格沒有那麼容易改變，如果一直處於想要改變卻無能為力的狀態的話，自己會變得更不舒服。與其改變性格，不如好好地接受，或者和它握手言和，成為夥伴也不錯。

我們無法改變已經成為過去的童年，無論在那個階段經歷過什麼，但仍然可以靠自己盡量減少童年經歷對我們之後人生的負面影響。不論哪一種性格，都有它的好與壞，我們能做的，就是與自己內心的真實意圖和諧共處。

02

如何才能做到與自己內心的真實意圖和諧相處呢？

敏感的人通常不願意說話，
但每次說出口的話
都是深思熟慮過的，
這樣的人都是心軟的人。

 # 遵循內心做自己

如果你已經確定自己是一個內心敏感的人，那麼首先要恭喜你找到了自己的性格定位。我們的性格都不可能完美，都有著或大或小的缺陷，但我們需要先接受它，因為它就是我們的一部分。

這對敏感的人來說是不容易的，因為他們通常也是完美主義者，不能容忍瑕疵的存在。可世界上並沒有完美，只是我們在不斷地追求完美。我們都要明白，**不論性格是內向還是外向，是敏感還是鈍感，性格本身都沒有好壞之分，只是反映在每個人的身上會產生一些問題，我們需要做的是面對這些問題，而不是改變性格。**

在做一些決定的時候，別人的看法固然重要，但首先考慮的應該是自己的內心。如果你覺得敏感這種性格給你帶來了很大的困擾，那麼可以做出調整，這種調整不是讓你改頭換面成為一個不敏感的人，而是解決敏感帶給你的問題。在遵循內心的基礎上調整，到最後你可能依舊是敏感型人格，但這種性格帶給你的困擾已經被你解決了。

 # 勇敢表達自己的困擾

高敏感的人通常不輕易表露內心的真正想法，有的人是不敢表達，有的人是不好意思表達。以我自己為例，無論是在與人交往中還是在讀書時遇到問題，我都選擇自己解決，不是不想向人求助，而是我總擔心會打擾別人，擔心我說的話會讓別人為難，所以有些話就說不出口。這就陷入了惡性循環，因為有些話我不說出來，別人就不會知道，我會因此陷入更糾結、更痛苦的境地。

我有個朋友很愛生氣，和他聊天時，如果兩個人有一些意見上的分歧，他就會開始計較，甚至會對我發脾氣，這一直都讓我很不開心，但又不好意思也對他發脾氣，只能悶著不出聲。後來有一次，又出現了類似的情況，這次我很嚴肅地對他說：「我們只是討論一個問題，對錯先不論，但沒到要發脾氣的地步，而且你發脾氣完全沒考慮我的感受，這樣是不合適的。」聽了我的話之後，他向我道歉了，承認自己忽略了我的感受，並表示以後一定會注意控制好自己的情緒。

很多時候，**人與人之間的問題就在於大家都不肯把問題挑明，這也是很多不滿產生的重要原因之一**。如果你因為別人的話感到被冒犯或是不愉快，應該勇敢地表達出來，哪怕委婉一些。不要擔心自己會讓別人尷尬，你只有表達出自己的不滿，才會讓別人意識到自己的問題，雙方才能透過溝通來解決問題。如果你受了委屈不懂得表達，慢慢地，就會被當成可以欺負的對象，而你也會因此陷入痛苦的循環。

你不需要為別人的情緒買單

敏感的人往往非常容易察覺到別人情緒的變化，他們會忍不住去猜測對方為什麼不開心，是不是自己哪句話說得不合適傷害到對方了。想到這裡，就會開始責備自己，即使並不清楚對方情緒變化的真正原因。

敏感的人通常不願意說話，但每次說出口的話都是深思熟慮過的，這樣的人都是心軟的人。嚴歌苓曾經說過：「心太軟的人快樂是不容易的，別人傷害她或她傷害別人都讓她在心裡病一場。」而那些鈍感的人就不會為這樣的事擔憂，他們不是不在乎別人的感受，而是不能像敏感的人那樣輕易察覺到別人的喜怒哀樂。

我不評價這樣的性格好還是不好，但敏感的我們確實應該告訴自己：不需要為別人的情緒買單。我們在說話做事的時候會考慮別人的感受，這是自己的修養，但我們無法考慮到所有因素，更多的時候我們只需要對自己的情緒負責。

在人際交往中，沒有人可以讓所有人都舒服，但是別人的情緒變化來自他本身所遭遇的一切，而不是你。一個成年人需要懂得控制自己的情緒，但是沒有義務為別人的情緒買單。

只管好自己不是自私和冷漠

敏感的人的思考方式往往是向內的，他們很善於思考，也常常因為思考帶給自己很多痛苦。比如，當身邊的人遇到困難，自己又幫不上忙，他們就會感到十分自責。這在敏感的人身上並不少見，他們經常會在幫助別人的同時折磨自己。

正常情況下，我們會問對方遇到了什麼問題，有什麼可以幫忙的地方。如果自己無能為力，就會直接說出口，讓對方再想其他辦法。而敏感的人在同樣的情況下沒辦法說出自己幫不上忙，而且會因為這件事而認為自己很沒用，甚至開始聯想：自己和對方會不會因此變得關係不好，對方會不會覺得自己故意不幫他。

敏感的人遇到問題都會主動反思自己，而這往往會成為折磨他們的原因，本來是好心幫助別人，最後卻讓自己很難受。很多時候，我們能管好自己就已經很好了，如果可以幫到別人當然更好，但沒能幫到別人也不是我們的錯，不要因此責怪自己。

犯錯也沒什麼大不了

敏感的人會將一些無須承擔的責任歸結到自己身上，讓自己的內心多了很多無謂的壓力，但這些本來並不是你應該背負的。即便我們在生活中犯了一些錯，那又怎麼樣呢？

敏感的人之所以經常被說成「玻璃心」，是因為他們對犯錯這件事特別在意，會因此特別痛苦，而且被評價之後會產生特別多的聯想。別人會不會因為這件事覺得自己是個不可靠的人，會不會因為這件事而全盤否定自己，自己以後是不是再也沒有機會和這個人平等相處……

對於犯錯，我的建議是不要太在意，我們當然要學會吸取教訓，但不要苛責自己。犯錯是必然的，我們只需要吃一塹長一智，下次不再犯就好了。對於別人的批評，也不要讓自己過於難受。世界上不會有人沒犯過錯，吸取教訓就好了。**犯錯沒什麼大不了，我們今天會犯錯，明天也會，永遠都會，但我們不能一輩子都和它計較下去。**

#找到排解自己情緒的方式

我是個敏感的人，也曾經被這些問題困擾了很久，但我漸漸學會了調整自己，找到了一些避免這些問題帶給自己痛苦的方法。更何況，無論如何，總會有我們無法改變的事情存在。

如果受了委屈，可以選擇做一些喜歡的事情宣洩負面情緒。比如，可以去跑步、打球、吃一頓大餐，或者雲霄飛車這種刺激的選項，這些都可以大大地釋放委屈感。不要一個人待在封閉的空間胡思亂想，哪怕找朋友出來聊一聊或者給父母打個電話，也可以減輕一些委屈感。

最後要記住的是，對於每個人來說，自己都是最重要的，別讓委屈總是找上你。還有，在別人的心目中，我們遠沒有自認為的那麼重要。

不要讓你的善良被當作軟弱可欺

01

為什麼善良的人會被人欺負？因為人們覺得欺負善良的人要付出的代價很小，善良的人往往不會對他人正面回擊或是惡語相向。

我有個親戚是心地善良的人，待人接物也很大方，從不計較得失，即使別人對她不好也從不記仇，總是很友善地對待身邊的每一個人。大家也都清楚她的為人，可他們並沒有以同樣的方式對待她，跟她說話的時候從不客氣，遇事就理所當然地找她幫忙，沒有幫好還會對她諷刺一通。

她說話做事總是特別顧及別人的顏面，有委屈也不會直說，但越是這樣，其他人對她越不尊重。就是因為她從不發脾氣，其他人便肆無忌憚，他們知道對她說幾句狠話她也不會發火，她是個即使生氣也只會自己消化的人。

人們對善良者最大的惡意就是不懂得別人這樣做是情分，不這樣做是本分。

人性是有自私和趨利避害的一面的，有的人發現你很善良，就會表現出這一面，你退一尺，他們就進一丈。既然你是一個好說話的人，他們就利用你的心軟，達到自己的一些目的，甚至有可能都沒有什麼目的，也沒有利益，就是想在你身上玩這套把戲。

我看過這樣一個故事：國外有位老婦人，她心地善良，每天都有一群孩子在她家門口玩耍。她很喜歡這群可愛的孩子們，於是她每天都會給他們每人一個硬幣，讓他們拿去買零食，孩子們便更愛來她家門口玩了。這樣過了一段時間，忽然有一天，老婦人不再給孩子們錢了，孩子們很生氣，竟然跑去質問這位老婦人為什麼不再給他們錢，之後就再也沒有出現在老婦人的家門口。

這群孩子接受了老婦人的錢，一開始肯定很感激，但是當他們習以為常之後，就會覺得是理所當然的了。

這群孩子收到了陌生人善意贈予的零用錢，卻把從別人那裡得到錢視作理所當然。很可惜，這樣的事情竟然發生在一群小孩子身上。其實，我們身邊類似的情況也不少。

人們對善良者最大的惡意就是不懂得別人這樣做是情分，不這樣做是本分。在家人、朋友、伴侶的關係裡是這樣，在陌生人那裡也是這樣。對於善良者而言，出於好意幫助別人也要有分寸感，否則很容易被當成濫好人，最後不僅沒人感謝你，還會有人找你的麻煩。

02

朋友找你借錢，明明自己的手頭也不寬裕，但是拒絕的話就是說不出口，只好答應借，之後又不好意思去張嘴要，只能眼看著借錢變成了送錢。好不容易出國旅遊，需要帶的東西很多，但同學要你幫忙代購，你又同意了，只好拖著笨重的行李箱到處買東西。明明週末想在家好好休息，但同事打來電話叫你出去，礙於面子你不得不犧牲自己的休息時間參加那些不感興趣的飯局。

我們都很熟悉這樣的場景，更熟悉因此而來的苦惱。你想要擺脫「濫好人」這個標籤，但又不能和對方直說，怕傷了和氣，難道就要這樣一直委屈自己嗎？

這時，就需要運用人際交往中的一些方法：碰到自己幫不上忙時，盡量委婉地拒絕對方，不讓對方感到難受，可以適當地給一些建議，但不要直接插手。請你記得，是否選擇幫忙是你的自由，你幫不上忙也不是你的過錯，不必在心裡自責，甚至感到羞愧。總是委屈自己，只為了成全別人，這樣的善良其實是某種意義上的懦弱。

你要善良，但也要帶點鋒芒，善良不可以變成被人利用的工具。我們在生活和工作中會遇到這樣一種人，他們與人為善，但碰到不公時會提出來，遇到問題時會據理力爭，不會有人欺負他們，他們的原則也並沒有因為善良而被一再打破。

不敢說出自己內心的想法，是在擔心自己會讓別人受到傷害，可事實上，很多人感受不到你的用心。沒有善良的聰明只是狡詐，沒有聰明的善良只是愚蠢。習慣是一件可怕的事情，你一旦接受了自己的容忍和退讓，「濫好人」的標籤就貼在了你的身上，當你再去反抗時，所有人都只會覺得你變得不近人情，其實是你慣壞了身邊的這些人。

學會堅定內心，不再為了取悅他人而難為自己，不方便幫忙的事情直接拒絕，有人想要欺負你馬上反抗，不再過分地以低姿態面對他人。這樣，你會比原來更能感受到來自世界的善意。

請你記得，是否選擇幫忙是你的自由，
你幫不上忙也不是你的過錯，
你不必在心裡自責。

敏感的樂觀生物學

01

很多人會因為自己的敏感而感到苦惱，因為敏感會把負面情緒放大無數倍，這意味著敏感的人也會是脆弱的人。很多人看來無關緊要的事，敏感的人卻很難走出來。然而，敏感的人有沒有想過，敏感也可能是一種你們自己尚未意識到的天賦，而你們天賦異稟？

有一本叫《高敏感是種天賦》的書中寫道：「當今社會，強者極受推崇，擁有旺盛的精力、忙碌的生活、發達的社交網路……但並非所有人都如此……與周圍的人相比，他們更容易受到環境的影響，甚至為此痛苦不堪；但是，他們也因此擁有不曾被人發掘的驚人潛能。」

高敏感者之所以感到痛苦，是因為他們有高出一般人的同理能力，他們習慣反省自己，也喜

高敏感者之所以感到痛苦，
是因為他們有
高出一般人的同理能力，
他們習慣反省自己，
也喜歡思考別人的想法。

歡思考別人的想法。這種能力如果使用不當就會讓自己感覺很累；反之，如果可以合理地釋放，那敏感就會成為一種獨特的競爭力。

02

敏感型人格往往具備以下幾個方面的優勢。

對細微事物的感知能力

生活中我們經常遇到不同類型的人，有的人心細如塵，有的人粗枝大葉，敏感的人毫無疑問屬於前者。細心意味著做事認真，講究細節，並且妥貼周全。除此之外，當然還有完美主義者，很多敏感的人都會追求極致的完美，一點點瑕疵都逃不過他們的眼睛。

敏感的人對事物的細節更加敏銳，比如顏

色、質感、聲音或語調等。因為對細微之處的感知力更強，敏感者處理問題的時候往往也就更仔細，他們甚至在開始做一件事情時就想到了做不好之後的結果，雖然馬上給自己施加了壓力，但這也是驅動敏感者變得更加優秀的動力。

對情緒的洞察力和控制力

敏感者能夠及時清晰地感知自己和別人的情緒，對自身產生的情緒更有控制力，這也就是大家常說的高情商；能夠清楚地瞭解自己的情緒，更容易進行自我反思；能夠更好地感受別人的情緒，明白如何在不同的場合說更恰當的話。

大多數的敏感者都會很關心他人的內心活動，對膚淺的話題不會很感興趣，但十分樂意與人進行深層次的交流。他們也更喜歡一對一或者在小範圍內進行溝通，這樣會讓人更加注意說話內容本身而不必太過顧慮複雜的人際關係，也最讓人感到舒服和自在。

極其富有同理心

敏感的人更能夠捕捉別人的情緒變化。體會對方情緒的正面和負面，體會別人的痛苦，懂得別人的不易，這也是同理能力的一種體現。他們能夠對別人的處境感同身受，盡自己的能力幫助對方或是說一些能夠安慰人的話。

每個人同理能力的程度都不相同，也不是每個人都會擁有一顆同理心。在電影院裡，你可以注意到，人們受電影情節感染的程度是不同的。那些容易被電影劇情感動到落淚的人通常都是同理能力比較強的人，也往往有一顆同理心。這類人內心是善良的，更懂得將心比心。如果你身邊有這樣的朋友，和他交往會讓人感到輕鬆和自在，而且這樣的人是絕對不會有意利用或傷害你的。

擁有與眾不同的創造力

高敏感者具有豐富的想像力，儘管經常默不作聲，但他們的內心世界是色彩斑斕的。因為對情緒有很強的感應能力，這類人往往多愁善感、心思細膩。許多從事藝術創作的人都屬於高敏感者。

保持獨處和內省的能力

高敏感人群喜歡獨處，也喜歡與自己對話。由於不善社交，他們不會選擇依靠別人的陪伴和認同來獲得快樂。從這方面來說，敏感的人有更強的適應能力，他們不會害怕孤獨，一個人也能把生活過得豐富有趣。非敏感人群可能在社交中占有優勢，但他們卻沒有享受獨處樂趣的能力。也因為這樣，非敏感人群不能容忍生活裡有自己完全獨立的空間，自然也會缺少獨立思考的能力。

03

不少心理學研究者認為，擁有敏感型人格的人是極具開發潛力的，同時也更容易擁有「開掛」的人生。高敏感人格者具有感知力、高情商、同理心、創造力和內省能力，他們可以更專注於自己感興趣的領域，不斷深耕。

雖然很多人覺得敏感者都很脆弱，但是如果敏感者將優勢運用得當，他們在當今時代會更具競爭力。很多人會覺得敏感的人活得既累又不快樂，沒錯，很多時候會特別累，因為敏感會放大他們的感受。但是，他們也能夠體驗更加深刻的感動，享受更加熱烈的快樂，感動時會熱淚盈眶，快樂時會欣喜若狂。比起他人，這些人可以對人間煙火有更深的體驗。

如果你也是一名敏感者，那麼恭喜你具備了這種天賦，請好好珍惜。

高敏感人群喜歡獨處，也喜歡與自己對話。
由於不善社交，
他們不會選擇依靠別人的陪伴和認同來獲得快樂。

Part 2

不孤獨的人生

無論生活有多少附加的困難和不堪，
都不要忘掉自己想要追求的幸福。

打工仔日常：疲憊生活下的英雄夢想

01

很多已經工作的年輕人開始戲謔地稱自己為「打工仔」，這個詞很準確地形容了上班族埋頭苦幹的辛苦生活。

在如今的社會，我們這一代的年輕人混得甚至還不如父輩，這和職業的高低貴賤無關，而是源於一個名詞——自由。父輩們下班是真正的下班，他們不需要再加班，而是擁有了完全屬於自己的時間，夏天的時候可以來一手啤酒配一盤毛豆，冬天的時候可以舒服地喝上一碗熱湯，悠哉遊哉。我們這一代卻不一樣，下班之後還要加班，或者要把未完成的工作帶回家，換個地方繼續加班。你身邊就有手機或電腦，隨時都可以工作，至於「錢」途和前途，之後再說。

我很喜歡一部電影，名字叫《白日夢冒險王》

小時候我們愛做白日夢
可能是對未來抱有無限幻想，
成年之後再做白日夢
只有一個原因——逃避現實。

（The Secret Life of Walter Mitty），故事裡的主人公華特就是在最底層打拚的員工。他在《Life》雜誌社工作了十六年，一直在底片資產部門，雖然掛著個經理的頭銜，但是整個部門就他一個人，工作的地方也在陰暗的地下室裡。

自卑又內向的華特喜歡公司一位剛來的女同事雪莉，但是他不好意思和對方搭話。在偷聽了她和別人的對話之後，他得知雪莉會上一個相親網站，便悄悄在網站上搜索她的名字。華特找到相親網站的負責人說要參加相親，當對方問到他的專長時，華特有點無奈地說：「我真的沒有什麼值得提起或注意的東西。」

這大概說出了很多人的心聲，卻也是自卑的表現。雖然在現實裡華特根本沒有做過什麼驚天動地的大事，但他有著極強的想像力，說白了就是十分擅長做白日夢。

憑藉華特的想像，電影一秒鐘變成了關於超級英雄的大片。在幻想裡，華特可以直接跳下大橋並打碎玻璃，在大樓起火、人們四處逃命時，瀟灑地救出小狗，還順便幫小狗裝個義肢；也可以化身為處於冰天雪地中的探險家，全副武裝地走向女同事，向她自信滿滿地介紹自己；還可以對憨憨的上司翻一萬個白眼，在電梯裡當著同事的面大開上司的玩笑，讓那幾個人笑到喘不過氣；又或者是變成會功夫的成龍，對著上司一頓暴揍，怎一個「爽」字了得！這些倒是很巧妙地貼合了《白日夢冒險王》的電影名。**小時候我們愛做白日夢可能是對未來抱有無限幻想，成年之後再做白日夢只有一個原因——逃避現實。**

02

做白日夢堪稱是一件不用花錢就能讓精神愉悅的事情。試想一下：我們一起離開現實生活，忘掉房子、車子、票子；我們在夕陽下狂奔，趕最後一班飛機，去一個喜歡的地方，面朝大海，春暖花開；我們在冬天踩雪，秋季拾楓葉，夏日捧起海水看看到底有沒有美人魚。

華特的日子並不好過，公司被併購，新來的上司傲慢無禮，兩個同事迫不及待地過去討好，但他連開口的勇氣都沒有。更倒楣的是，一直提供作品給公司的攝影大師尚恩要求《Life》雜誌的最後一期封面用他的第二十五張底片，但這張底片卻不翼而飛了。華特心想，與其坐等底片的出現，還不如親自去找尚恩問一問比較有用。於是，他帶著這個任務，開始了自己的尋找之旅。當夢想照進現實，當做白日夢變成了跑遍全世界，華特的生活又會變成什麼樣呢？

他來到一間客人很少的酒吧聽歌，和一名醉漢發生口角並打了起來，還乘坐了這個醉漢的直升機；為了坐船，他從飛機上直接跳入海中，被鯊魚追趕，最終死裡逃生；他腳踩單車欣賞沿途的風景，又化身滑板少年在無人的公路上肆意馳騁；他遇到火山噴發，慌忙坐車逃命，濃重的煙塵將車吞噬，但他卻奇蹟般地活了下來。

這次旅行，讓華特有了翻天覆地的變化，他開始改變，大膽地做著自己以前從來不敢做的事情。他也許真的實現了幻想中的話——這就是我的生活態度：愛冒險、勇敢、有創意。這樣的生活魔幻且豐富有趣，華特也終於完成了他最想完成的心願。然而，華特環遊世界後並沒有找到尚恩，回來後一切似乎都沒有改變，可又有些東西已經在不經意間發生了變化。

他被炒了魷魚，要賣掉父親留給他的鋼琴來補貼家用，並且回到了母親和姐姐身邊。華特在家裡意外聽到母親和姐姐討論尚恩的去向，他根據尚恩的提示找到了一個錢包，其實二十五號底片就在錢包裡面，但是華特並沒有發現。

華特再度出發，他雇了兩位同伴一起攀登珠穆朗瑪峰，在冰天雪地裡紮營，拿母親做的柳丁蛋糕送給士兵。在珠穆朗瑪峰的山頂，華特終於見到了尚恩。尚恩費盡千辛萬苦只為等一隻雪豹的出現，卻在雪豹出現後放棄了拍照，因為美麗的東西從來不需要被定格。最後一期《Life》雜誌的封面，竟然是華特工作時的一張照片。

生活中平凡的你我，都希望在某一天可以成為心愛之人生命中的主角。電影中的華特終於可以有自信地走到女同事面前訴說自己的愛意並抱得美人歸。

總是能聽到「剩下的日子不多了，想完成的夢想盡快去實現」這樣的話，因為生命無法重來，你也不知道明天會發生什麼，所以要格外地珍惜當下。「說走就走」是一個不切實際卻充滿誘惑的詞，雖然知道頭腦一熱就辭職去窮遊的可能性不大，但當我們在新聞或網路上看到被歸為少數派的幾個大神，誰又能不羨慕呢？

不論是旅行看世界，還是大隱隱於市，最重要的就是為了自己喜歡的事而努力，並且成為更好的自己。有些事情現在不做，可能一輩子都不會再做了。遵循內心，隨心走向未來。有時候想想，當一個演員是很好的，可以在有限的生命裡體驗千百種人生。生活中有辛酸和無奈，甚至有時候談夢想也很虛幻，可人生還是需要用心去體驗的。

不妨大膽一點，去做自己喜歡的事，何況世界一直在變化，按照自己的意願做出改變總比被動地改變要好得多。我們需要勇敢地邁出改變的第一步，讓白日夢成為現實。卡繆說：「人生的意義，在於承擔人生無意義的勇氣。如果你一直在找人生的意義，你永遠不會生活。」

《白日夢冒險王》的主題其實也正是《Life》雜誌想傳達給人們的理念——認識世界，克服困難，洞悉所有，貼近生活，尋找真愛，感受彼此。生活不是電影，卻比電影真實，但我們永遠不要失去做夢的勇氣。我小學時喜歡在同學的留言簿裡寫「長大之後環遊世界」這句話，後來越長大越覺得這句話不切實際。是真的難以實現，還是我失去了冒險的勇氣？

人生美好的事情之一就是可以白日做夢，努力讓白日夢照進現實，哪怕只是每天靠近一點點。不必走得很遠，當你試著改變時，你已經是自己的超級英雄。

當你的實力還配不上你的眼光

01

我很懶，懶到吃飯全靠外送、一連幾天不洗頭、衣服穿十幾天不洗，懶到想把自己封印在被窩裡。我有很長時間都是這樣的狀態。突然有一天，想到要如此庸庸碌碌度過餘生，我害怕了。我的人生才開始不久，一直這樣下去會比要了我的命還可怕！

我開始到操場上跑步，用我多年沒鍛煉的雙腿不斷地跑，直到兩腿發軟，癱倒在地，不停地喘著氣。我閉上眼睛思考懶的原因是什麼，想了很久，其實很簡單，是因為自己的欲望還不夠大。如果你餓極了，跑幾千公尺也要去吃東西；你想戀愛，會用盡心思去打扮、去追求。如果還是那麼懶，只能說明你對美好未來和財富的渴望還沒有那麼強烈。但是，我絕不！我深知貧窮意味著什麼。

02

小呆的經歷和我的有些相似，甚至比我的更不好。他來自一個很偏僻的鄉下地方，我曾問他他的家鄉是不是很美。他的回答和我想的完全不一樣，他說家鄉是他最厭惡的地方。後來我從他口中得知，他的爸爸不務正業，他是媽媽含辛茹苦帶大的，也是看盡了世態炎涼。

他家在當地算是最窮的，七歲要上小學的時候，他要自己背著書包翻過一座山趕到學校，小學的五年時間裡，他都穿姐姐淘汰的衣服。放學之後還要幫家裡做農務，有時還要承受父親的打罵。如果說貧窮帶給了他矮小的身材，那父親的無能和親戚們的冷嘲熱諷則摧殘著他的靈魂。

「孩子，我不希望將來的你像我一樣，
到處打工，日夜不合眼，
只為了那一點微薄的收入，
那種感覺很難熬，
要是一輩子的話，就難熬死了。」

窮在鬧市無人問，富在深山有遠親。小呆不甘心，不想永遠被瞧不起，他受夠了這樣的生活，他要努力，靠讀書改變自己的命運。好在他的母親用盡全力讓他上了高中，最後他考上了大城市的一所知名大學。

小呆考上大學的那年，他家的親戚一個也沒來道賀。他說因為自己拿不出到大城市讀書的學費和生活費，那些親戚怕被借錢，都躲了起來。開學的時候，小呆的母親把他送到了車站，他拿著母親剛賺的路費一個人去了大城市。

太多人都在說我們不要活在別人的目光裡，不用去在意別人的看法，但當身邊的人因為錢看不起你，用言語來嘲諷你時，你怎麼可能不心寒呢？長大之後，開始以成年人的眼光看待世界，我發現這個世界就是有些人會在你成功的時候圍在你身邊伺機撈些好處，在你落魄的時候卻踩上幾腳。

勇敢地接受這些，你要做的，是讓自己變得強大。

03

我曾經做過一件後悔至今的事。上高中時的鄰座同學是個很樸實的男生，有一次開家長會，我看到他坐在一個老人旁邊，便走過去問他：「是你爺爺嗎？」

他低著頭，很彆扭地對我說：「是我爸爸。」

我很驚訝！他爸爸穿著一身破舊的髒衣服，駝背，頭髮花白，臉上滿是皺紋，年紀很大的樣子。知道了這個消息之後，我幾乎對每一個見到的同學都說：「你知道嗎，家長會坐在ＸＸ旁邊的那個老頭竟然是他爸爸！」

看到別人和我一樣的驚訝表情，我心裡有一種難以抑制的滿足感。而ＸＸ知道我廣而告之之後，趴在桌子上一聲不吭，其他同學對他的探問和未出口的嘲笑就像刀子一樣扎在他的心上。

直到這時，我才感到羞愧和歉疚。我家的經濟環境也不好，而我竟然成為傷害自己同學的元兇。這件事讓我到現在都耿耿於懷，在那之後，我再也沒有做過這種事。

04

在我高中最頹廢的那段時間，母親對我失望透頂。有一次，她對我說：「孩子，我不希望將來的你像我一樣，到處打工，日夜不合眼，只為了那一點微薄的收入，那種感覺很難熬，要是一輩子的話，就難熬死了。」

我忘了自己當時是怎樣的反應，但我開始知道，有些人的一輩子是在過，有些人的一輩子是在熬。你知道最可怕的是什麼嗎？是當生命即將耗盡，平庸的你被生活掏空的時候，想起年輕時曾有過一次又一次的機會而自己卻沒有伸手抓住。你會對當初的任性和無知感到追悔莫及，你甚至會痛恨自己，可是時間不能倒流，你只能抱憾終生。

人的生命只有一次。十幾年的付出，也會因為貪圖安逸和享樂而付諸東流，如果放任平庸的自己繼續這樣平庸下去，我曾夢想的一切美好未來都將破滅，想到這些，我就會心跳加速，緊張又害怕。所以，我拚命地跑，拚命地寫東西，不理會旁人的眼光，只為不辜負自己。

太多人都在說我們不要活在別人的目光裡，
不用去在意別人的看法，
但當你身邊的人因為錢看不起你，用言語來嘲諷你時，
你怎麼可能不心寒呢？
勇敢地接受這些，你要做的，是讓自己變得強大。

優秀普通人的自我養成

01

國外曾耗時五十六年完成了一部令人震撼的巨作——《56 UP》。這是一部系列紀錄片，從一九六四年開始拍攝，記錄了英國不同階層的十四個小孩從七歲到六十三歲的經歷。每過七年，拍攝者都會重新訪談、拍攝這些孩子，見證他們從少年到壯年再到老年。歷經五十六年，直至二〇一九年的最後一次拍攝，這群當年的孩子已經六十三歲了。

紀錄片拍攝之初，拍攝者打算做一次科學實驗，他提出假設：社會階級固化使得每個孩子的社會階級預先決定了他們的未來，富人的孩子依舊是富人，窮人的孩子依舊是窮人。

一路跟拍下來也確實如此，富人的孩子從小就受到良好的教育，擁有開闊的眼界，他們甚至據說人一生會長大三次：
第一次是在發現自己不是世界中心的時候；
第二次是在發現即使再怎麼努力，
有些事依舊無能為力的時候；
第三次是在明明知道有些事無能為力，
但還是盡力爭取的時候。

七歲就開始看《泰晤士報》和《觀察家報》了，之後考取了劍橋、牛津這類名牌大學並成為社會精英。而底層的孩子多數按部就班地生活著，經歷輟學、早婚、多子、失業這些可以預見的命運，除了一名叫尼克的孩子。尼克雖出身貧困但學習刻苦，從牛津大學畢業之後，他成為美國威斯康辛大學的教授。

這讓我想起鄭瓊導演的紀錄片《出路》，它講述了三個出身不同的孩子從學校步入社會的過程，他們分別是甘肅大山裡的女孩馬百娟、湖北小鎮青年徐佳、北京女孩袁晗寒。

馬百娟家境貧寒，哥哥輟學外出打工，自己每天放學回家都要做飯、餵豬、幹農活。在這種環境下長大的她心中只有一個願望——考上北京的大學，將來能夠每月賺一千塊人民幣。她想透過讀書來改變命運。然而，她的父親卻認為女孩子最終是別人家的人，沒有必要花費時間去讀書。沒過多久她就不再讀書了，在家人的安排下嫁了人，完成了父母的心願。她在還不知自己為何而活的時候就要養育下一代了。

小鎮青年徐佳的父母都是工人，他們深知沒有讀書將來會吃虧，於是費盡心思地想讓孩子透過考大學來改變家庭的命運，出人頭地。頂著巨大的家庭壓力，在經歷三次考試後，徐佳終於考上了一所普通的大學，雖然不是名校，但是對於一個來自小鎮的年輕人來說已經很不容易了，他成了全家人的驕傲。大學畢業後，徐佳歷經十年努力終於在市區買了房子，成為新晉的中產階層。儘管他努力的終點還遠遠不及袁晗寒的起點，但他已經心滿意足了。

北京女孩袁晗寒因成績不好，高中時輟學。輟學後，百無聊賴的她決定做些自己喜歡的事，於是跟家裡要錢在南鑼鼓巷開了一家咖啡館，在她看來，只要餓不死就行了。沒過多久，她的咖啡店就關門了。因為對未來感到迷茫，她去了歐洲玩了一圈，並且在家人的支持下考上了德國杜塞爾多夫藝術學院。回國後她開了一家自己的公司。

這兩部紀錄片殘酷又真實地記錄了這些出身不同的人最終走向的人生道路，但是都沒有給出結論。不管怎樣，人生最終還是要掌握在自己手中，我們身邊最多的就是像徐佳一樣的小鎮青年，透過自己的努力考上大學，畢業後陷入無盡的迷茫之中，家鄉安置不了靈魂，異鄉存放不了肉身。你又是從什麼時候開始意識到自己是個普通人的呢？

據說人一生會長大三次：第一次是在發現自己不是世界中心的時候；第二次是在發現即使再怎麼努力，有些事依舊無能為力的時候；第三次是在明明知道有些事無能為力，但還是盡力爭取的時候。

我們都曾經自命不凡過，但不管你喝過多少「毒雞湯」，也不得不面對這樣的現實：我們只是一個普通人，沒有優越的家境，沒有過人的天賦，我們會平凡度過一生的機率大到超乎想像，只能看著電影和小說中別人的傳奇故事，度過自己的普通生活。但命運的指縫裡總會有漏網之魚，就像尼克透過努力成為大學教授，徐佳考了三次大學成為家人的驕傲，所以，即使感到無能為力也要盡力爭取，至少會比現狀好。

如果難以逾越自己的階層成為精英，那我們只有接受現實，承認自己的普通，努力成為一名優秀的普通人。

陶傑在《殺鵪鶉的少女》中的一段話令我印象深刻：「當你老了，回顧一生，就會發覺：什麼時候出國讀書、什麼時候決定做第一份工作、何時選定了對象並戀愛、什麼時候結婚，其實都是命運的巨變。只是當時站在三岔路口，眼見風雲千檣，你作出選擇的那一日，在日記上，相當沉悶和平凡，當時還以為是生命中普通的一天。」

面臨選擇時刻的迷茫，是當下年輕人最大的焦慮。考完大學考試後開始選擇學校和科系，畢業後選擇城市，工作後選擇伴侶，我們拍拍腦袋就決定的事情，其實影響著自己的人生和命運。**選擇之所以難做，是因為它遠沒有我們原來設想的那麼簡單**。

就像前幾年房地產行業火熱，也帶動了土木工程、建築設計、景觀設計等從屬行業的發展，與之相關的職業成為最熱門的高薪職業。你不得不承認，只會埋頭苦幹，不懂審時度勢的人很難走遠。世界上最悲劇的事就是你在做一個十足勤奮的人，但你依附的行業卻在走下坡。你以為自己足夠認真，但個人的力量難敵整個世界的發展趨勢和變革，**努力可以提高下限，而選擇卻能夠提高上限**。

可是，如果一個人放棄了努力，他可能連選擇的機會都沒有，努力越多，選擇就越多。高中時期努力讀書，考完大學考試後才能有名校供你挑選；大學時多參加實踐活動，畢業時才能拿到更多的錄取通知；工作時認真仔細，才能獲得更多的升職機會。努力是獲得這些的基礎。但對現在的你來說，選擇有時候比努力更重要。同樣上一所大學，有的人選擇從事自己喜歡的工作，有的人則選擇了不那麼喜歡卻可以為自己帶來更多收益的職業；有的人選擇遠離家鄉去打拚闖蕩，有的人則選擇回到離家人最近的地方……這就開啟了不同的命運。

選擇能夠決定你走多遠。人生漫長，我們不指望每一步都選對，但求問心無愧。我們想要的東西有很多，一旦做出選擇，也就意味著放棄了其他的可能。**成長就是不斷選擇和不斷失去的過程，但願你的每一個選擇都是經過深思熟慮的，也希望你一旦選擇了就不要再去懷戀失去的。**

03

一個老生常談的問題：成熟是什麼？有人覺得成熟是世故圓滑和能說會道；有人覺得成熟是冷漠，是看懂世界之後無所求的冷眼旁觀；有人覺得成熟是包容，能夠對全世界都溫柔以待……

在我看來，成熟是一種能力，是一種高情商，它不是與生俱來的，而是需要在後天的經歷中頓悟。它沒有年齡限制，它可以使人一夜長大。在成為一名優秀的普通人的道路上，走向成熟是不得不經歷的一環，我認為成熟的人應該具備以下能力。

 # 自我情緒管理的能力

一個人的成熟是從控制自己的情緒開始的。小孩子很難控制自己的情緒，憤怒的時候會大叫，傷心的時候會大哭，跟人發生了不愉快會恨不得打個頭破血流。

一個成熟的成年人懂得不讓自己的情緒表現得太過明顯，生氣的時候不會滿懷惡意地去說令身邊人傷心的話，懂得替自己療傷，安撫自己。**合理控制情緒不僅是指不輕易憤怒，也是指合理憤怒。**一個不懂生氣的濫好人往往得不到尊重，所以能做到讓自己的情緒收放自如的人懂得什麼時候該用生氣來震懾對方，又能做到不過於計較，不傷害雙方的關係，還能不傷身體。**情緒有時候表明的是一種態度，要學會運用情緒讓社交變得遊刃有餘。**

 # 自我剖析和反思的能力

反思是一種高級的能力，大腦告訴我們，想要看到自己需要一面鏡子，而對看到的自己加以剖析又需要一面鏡子，所以人的反思是很複雜的。很多人只能用眼睛看到萬事萬物，這其中包括一些高智商的人，他們思緒敏銳，但不具備反思的能力。

反思是對自己的內心進行解剖，敢於否定自我，在不斷問自己為什麼這麼做、這麼想的時候，產生新的思考。懂得反思的人絕不是自戀者，他們在否定自己中獲得成長，對自己有新的認識，所以也就更加謙遜。

 # 理解他人和換位思考的能力

高情商者，能夠讀懂別人並學會換位思考；木訥的人看不出別人在想什麼，讀不懂別人想要表達的意思。一個成熟的人是需要一定情商的。

一個人懂得自己被別人用狠毒的話攻擊時就像刀子捅在心口上一樣痛，自然就不會對別人惡語相向。但不是每個人都有這種同理能力，有的人之所以說話難聽，不體諒別人，就是無法換位思考。成熟的人做事時，不會莽莽撞撞、沒輕沒重，他會權衡再三，照顧到每一個人的感受，既不委屈自己，又不冷落別人。

 # 主動承擔責任的能力

每個成年人都有權利選擇一種生活方式，在若干可能性中選擇自己想要的人生，但是也應該明白要對自己的選擇負責。**一旦明白人生的所有抉擇都需要自己承擔責任，就不會輕易地做出決定，懂得評估風險也是成熟者必備的一項能力。**

上哪一所大學，選擇什麼科系，從事什麼行業，和誰共度餘生，在哪座城市發展，要不要孩子……這些都是人生的重大決策，別人的意見只是參考，最終還是需要找到適合自己的道路。做到這一點並不容易，因為很多選擇都會讓人在未來幾年內後悔，所以花費大量時間去思考和評估尤為重要。在這方面，成熟的人會深入鑽研，遇到問題及時止損。每個人都是第一次活，都沒有辦法用自己的經驗詮釋所有人的人生，大家只能慢慢探索屬於自己的道路。選擇的結果需要獨自去承擔，一個人有擔當，是成熟的開始。

當我們具備上面說的這些條件，就有了大局意識。做事思考全面，不會意氣用事，這些不是對一個人的過高要求，而是一個優秀的普通人的基本素質。

04

讀過那麼多雞湯，依舊沒能成功；懂得那麼多道理，依舊過不好一生。我不會為你熬一鍋心靈雞湯，告訴你馬雲、雷軍、俞敏洪是如何努力奮鬥取得成功的。他們的成功獨一無二，在網路時代格外耀眼。很多成功的人在演講時都會告訴大家要努力走向成功，殊不知千千萬萬比他們更努力的人都沒有獲得成功，無法出現在大眾的視野中。

絕大多數人是平凡的，人與人從出生開始就存在著差距，我們面對的現實，是有的人即使拚盡全力也只能讓自己成為一個普通人。你的閱歷、你悟出來的一些道理，可能在別人眼裡只是常識；你拚盡全力考上大學，離開家鄉來到大城市，認為自己問心無愧，而有些人一出生就在都市。所以我才會說，努力做一個優秀的普通人，不奢求大富大貴，但要有穩定的收入和不斷向上發展的事業，懂得在苦難的人生中找尋「小確幸」。

富貴險中求，富人敢於冒險，窮人安分守己，這其中的道理是非常複雜的。窮人之所以求穩是因為輸不起，愛冒險的富人也會傾家蕩產，但是沒有人關注他們，這是機率問題。一個人的成功，好事之人喜歡加以分析，說是因為他敢拚、積極向上、思緒敏銳，其實可能僅僅是幸運。

也許我們真的注定是平凡的，接受自己的平凡沒有什麼不好，至少我們可以讓自己更優秀。苦心人，天不負，只要肯吃苦，一定能過得比現在更好，至於能好到哪裡，就只能盡人事，聽天命了。盡人事，無悔；聽天命，無怨。

普通人也有資格過好這一生，富人也有本難念的經，只是一個人無論處於什麼狀態都要有向上發展的動力。比如經營好自己的事業，哪怕賺得不多，但也要持續努力；一家人存錢買一套房子，可以不大，但要試著擁有；工作之餘，培養幾個小愛好；閒暇之際，約三五好友吃飯聊天；偶爾帶上家人出去旅行，看看外面的世界。這是所有人都能追求的東西，也是幸福之本。在平凡的人生中享受平凡的戰果，在普通的日子裡感受普通的快樂，也許就足以過好這一生了。

選擇之所以難做，
是因為它遠沒有我們原來設想的那麼簡單。

因為一無所有，所以無所不能

01

一個從窮苦日子走過來的人會對錢有著迫切的渴望，因為他最明白，那些在富人眼裡不算事情的事情，對他而言，卻足以顛覆他的一生。

以前聽父輩們說窮人的孩子早當家，比富人家的孩子更有出息，因為他們知道自己家境不好，所以會更認真讀書，恰巧當時我們那個小城鎮好不容易出了一個考上國內最好的大學的考生，是個貧寒家庭的女孩，這成了他們的言論更加有力的佐證。

如今，即使再難，人們想要改變命運的願望依舊熱切，每年背上行李往大城市闖的年輕人只增不減，他們向命運吶喊，要靠自己實現階級翻轉。我們都知道貧窮是可怕的，但比貧窮更可怕的是窮並墮落著。

當你選擇穩定和安逸的時候，
就會失去機遇；
當你不為未來打算的時候，
困境將會打你個措手不及。

02

高中畢業後，我考上了大學，我的一個同學落榜後，因為家裡子女多、負擔重，在我去大學報到的時候，他也選擇了離開家鄉，去大城市工作。他先是當服務生，後來去了酒廠，然後又在電子廠做著流水線的工作。他一個人在繁華喧囂的大城市拿著微不足道的薪水，承受著孤獨和壓力，羨慕出入辦公大樓的上班族，更羨慕年紀輕輕就開著豪車在馬路上飛馳的青年，而自己卻無依無靠地待在不屬於自己的大城市。

他不明白為什麼命運那麼不公平，覺得自己很累並且看不到方向。我勸他存錢去學專業技術，擁有專長就不會那麼累，而且他現在的生活方式也不是長久之計。他說自己不是讀書的料，從高中就不喜歡讀書，只能走一步算一步了。後來聽說他回到老家，在家裡無所事事地待了一年後又不得不外出工作了。

可是他才二十多歲，只要他肯努力，生命還有無限可能，為什麼他寧願幹苦力活也不去學點有用的東西呢？一個人在社會中能夠獲得怎樣的待遇取決於你擁有的資源：假如你的資源是技術，那麼你可以運用技術獲得報酬；假如你的資源是知識，那麼你可以運用知識獲得財富……如果你沒有這些資源，那就只能從事出賣體力的工作。你的資源越豐富，收穫也就越多，所以用賺到的錢提高自己吧，讓自己獲得更豐富的資源。

改變自己！你肯定在某一個階段有過這樣強烈的衝動，但這樣的想法卻被種種誘惑弄得消失殆盡。渴望改變自己，卻不肯努力；幻想著逆襲為「男神」，卻沒有每天在健身房揮灑汗水的毅力；想要讓自己更有內涵，卻連一本書也讀不下去；想要找一個能賺錢的工作，卻沒有能拿得出手的技能。**很多時候我們的努力僅僅是酒足飯飽後的一時興起，沒過兩個星期就被打回原形。**

我認識一個人，當他得知從小把他帶大的爺爺得了絕症時，他痛哭流涕，卻無能為力。當他看到父母低聲下氣地向別人借錢時，他下定決心洗心革面。他刪掉了電腦裡所有的遊戲，每天忙於讀書。但是在爺爺去世一個多月後，他又把遊戲一個不差地安裝回來。死別也沒能改變這個人，這個人是不是就無藥可救了？

為什麼世界上的精英或者有錢人總是少數？我不得而知。

03

我有個朋友，單親家庭，和母親相依為命。他在考完大學填報志願的時候問我報什麼科系好，我叫他報個自己喜歡的，最好是工科、好就業的科系。但是他的班導師告訴他，他家經濟狀況不好，外面的房價太高，將來只能在家鄉就業，家鄉也沒有什麼公司，只能考老師，於是就建議他報他極不喜歡也不擅長的應用數學系，理由是數學老師可以賺多一點錢。一向是乖乖男的他自然聽從了老師的建議。

一年後再見到他，他一臉的憔悴，說自己後悔死了，他對數學沒有興趣，期末考試的時候掛了幾科。我說：「你的班導師真的很現實，但也在你還沒步入社會的時候就扼殺了你絕大多數的可能，在你新的人生還沒開始時就給它套上了枷鎖。家境不好不是理由，窮也依然有富的可能，不去試怎麼知道自己會活成什麼樣子呢？」

實際情況是因為窮，很多家庭支離破碎；因為窮，不少孩子得不到更好的教育；因為窮，人到中年還在為年輕時的選擇而後悔。生在農村的我看到過很多老人生了一些小病卻沒錢治療，膝下子女雖多但子女只顧及各自的家庭。有的人說孝順是陪伴著父母，而對於窮人來說，陪伴固然重要，但能夠在至親患病時給錢治療何嘗不是一種孝道。

「貧窮」二字，就像一根插進心裡的刺，無論喝酒喝得有多歡，無論與人談笑有多麼盡興，無論你如何嘗試把它忘記，它總會在不經意間提醒你那裡有多痛。窮，怎麼可以不努力？

沒有富足的家境，沒有優越的條件，你改變不了這些，只能改變自己。**當你選擇穩定和安逸的時候，就會失去機遇；當你不為未來打算的時候，困境將會打你個措手不及。**每個人都有改變自己人生的權利，選擇一條與昨天不同的道路，讓今天所發生的事情無法預測，無論驚險重重或是驚喜連連，而不是讓生活周而復始。今天睜開眼睛的時候就開始重複昨天的日子，一成不變的生活怎麼能帶來意想不到的可能？

現在的生活壓力更大，車子和房子成了年輕人的枷鎖。缺錢，是一件極其無奈的事，很多「月光」的上班族現在也開始存錢，只為了給未來一個保障。我想大多數出身貧窮的人多少都有些自卑、沉默且很少表達，也正是因為貧窮，多少也受過白眼，被人看不起。然而，人生不能總是如此，用魯迅的話來說：「沉默呵，沉默呵！不在沉默中爆發，就在沉默中滅亡。」

我希望你可以「不鳴則已，一鳴驚人」，告訴那些曾經無視你的人，誰才是人生的贏家。你一定要相信蒼天不負苦心人，人們恐懼的往往是困難來臨前的一段時間，真正面對困難時反而無所畏懼了，過後回想起來，曾以為過不去的坎也不過如此。所以，活在當下，著眼未來。

因為窮，所以一無所有；因為一無所有，所以無所不能。

不懼任何人，不怕任何事

01

朋友找我聊天時說：「大學快要畢業的時候，感覺自己一下子被掏空了。從小到大，一直都在上學，最常接觸的就是老師和同學，已經習慣了校園裡的生活，想著自己馬上要步入社會，要開始承擔責任，然後挑起家庭的重擔，就覺得可怕。」

他感覺自己還沒有做好心理準備，大一的時候覺得自己還是一個高中剛畢業的孩子，大二的時候認為畢業遙遙無期，渾渾噩噩地到了大四，突然被打了個措手不及，因此對即將走出校園感到非常恐懼。

一個即將大學畢業的人沒有任何的優勢，害怕會過著自己曾經嗤之以鼻的那種生活，曾經幻想過的未來在這個時候被擊得粉碎，想要退縮

我們所要面對的事情就像一道道關卡，
如果不改變當時的狀態，
即便再有十年時間，
也會拿出九年去浪費，
在最後一年感到不安。

卻被現實逼著不得不一直往前，心裡感到十分不安，也開始為大學四年裡虛度光陰感到後悔。

可後悔是沒有用的，**我們都會因未來的不確定性感到恐懼，懷疑自己的能力不足以讓我們到達想去的地方**。我當時並沒有說一些鼓勵的話安慰那個朋友，因為我知道，自己並不比他好多少，我也經常對未來有種不可名狀的恐懼感。

我們所要面對的事情就像一道道關卡，如果不改變當時的狀態，即便再有十年時間，也會拿出九年去浪費，在最後一年感到不安。既然如此，不如硬著頭皮往前衝吧！

02

說到步入社會，我想到了我的國中同學小建。國中畢業之後，小建由於成績和家境不好，不得不輟學外出工作。和我們這些繼續學業的人相比，他走上了不同的人生道路。

小建剛到大城市工作的時候，和很多人一樣，住在破舊不堪的租屋處，日子過得很不好。他打電話給我時說自己連Word都不會用，感覺自己一無是處，說完這些還不忘叮嚀我要多學一些有用的技能。

之後小建開始了一邊工作一邊讀書的生活，走了不少彎路，還經歷了一次失敗的創業。在這個「摸著石頭過河」的過程中，他慢慢找到了自己的興趣，經過不斷努力，成了程式工程師。他再也不用靠苦力賺錢，他的年薪很高，過年回家時穿得很體面，也會替家裡買很多東西，讓父母能過得好一點。在那個小地方，親戚朋友們都誇小建有出息了，甚至說他是家裡的驕傲，畢竟誰也沒想到一個國中畢業的人可以整日出入大城市的辦公大樓。

身為好朋友的我，看到了小建應付周圍人時的倦怠，有一次我問他：「累嗎？」小建的眼神裡閃過一絲驚疑，應該是沒人跟他說過這句話吧。他嘆了口氣，然後對我說：「累！」

那些誇他的人不知道，他也不會告訴他們，當他獨自一人來到陌生的大城市時，他承受著無助和惶恐；當他白天上完班，晚上還要熬夜看書時，他承受著孤獨奮鬥帶來的苦楚；當他被人嘲笑是鄉下來的卻不知如何應對時，他承受著尷尬；當他一句話惹怒老闆娘，被搧了一巴掌時，他承受著委屈。這些都曾讓他在長夜裡慟哭難眠。他也曾無數次地想過回家，可回家幹什麼呢？父母和弟弟妹妹都需要依靠他，他不能倒下。好在，他最終熬了過來。

「不過現在都好起來了。」似乎是為了緩和略顯沉重的氣氛，或是不想再表現出自己柔弱的那一面，小建笑著說。

他笑的時候，我忽然想起了國中時他那張稚嫩的臉。他並沒有創業，也沒有年薪百萬，他只是像很多人一樣，憑藉自己的努力讓自己和家人過得越來越好。

我們都是普通人，沒有那麼多轟轟烈烈的人生經歷，卻總會遇到很多事並感到不安、焦慮、退縮和恐懼，但我們之所以逼著自己勇往直前，是因為我們沒有後退的餘地。很多時候我們認為自己正在和挫敗感戰鬥，其實不是。我們最大的敵人是自己，要戰勝的，也是自己。

03

我記得自己小時候是不敢一個人去商店買東西的，往往要站在門口半個小時，然後需要鼓起很大的勇氣才敢進去，出來後又感覺老闆很友善。成功去商店買東西對那個時候的我來說是一件很有成就感的事情。我有很多讓人不理解的想法：上學的時候因為怕老師叫自己回答問題，把頭埋到桌子下面假裝找東西；第一次坐火車時心裡忐忑了一路，左盯右看地擔心碰到壞人；害怕當眾說話，被迫要上臺演講時緊張到雙腿發軟，語無倫次；害怕開車，想到要開著車在馬路上行駛，心裡就忐忑不安。

從小到大，我逃避了很多困難，也克服了很多困難。表哥經常對我說一句話——你要不懼任何人，不怕任何事。表哥很早就輟學了，高中畢業之後當了水手（現在都被稱為船員）。他每年都要去很多國家，接觸各種各樣的人。他所在的輪船上只有他一個人敢用不流利的英語和外國人對話，也是在這樣的過程中，他的英語口語水準變得越來越好。慢慢地，他開始負責一些翻譯的工作。一個船員擁有這樣的技能，無論在哪艘船上都會被人另眼相看的。但我猜他第一次用英語和外國人交流時，心裡也一定是緊張的，在那種情況下，怎麼可能一點都不心虛呢？

我們的恐懼多是因為和自己的內心在不停地較量。大家都有過一些參加比賽的經驗，在比賽之前我們都會感到緊張，而當我們身處比賽狀態中時，會覺得自己也沒有想像中的那麼弱，而且隨著比賽的進行，還會變得越來越勇敢，雖然最後有可能會失敗。在生活中遇到的很多事也和比賽一樣，有的時候我們會害怕得選擇逃避，有的時候會迫於無奈硬著頭皮接招，最後換來一敗塗地的結局，也許還摻雜著別人的冷嘲熱諷。可是，當過段時間再回頭看，就會覺得不過如此，**逃避的成了遺憾，挺過來的成了經驗。**

勇敢是每個人的必修課，我們都要學會面對。不怕任何人，不懼任何事，才能讓自己的內心真正強大起來。很多的人和事終究是逃不掉、躲不開的，就像太陽的東升西落帶來的晝夜交替，就算你不喜歡黑夜，你也不必因此感到心煩，因為那不是我們可以改變的。同樣，活在這個世界上絕不可能不遇到任何挫折，總會有坑，但也總會有路。

正因為人生路上遇到了那些艱難險阻，人才會長大，才會變得成熟。**所謂成熟，就是越來越懂得很多事情並不會因為你的喜歡或恐懼而改變**，還有未知的困難在前方等著你，總會遇到困難也總會想到解決困難的辦法。

從容一點，人生也不過如此。

我們終會在更高處相見

01

不管選擇以怎樣的方式度過一生，都不可能完全脫離這個社會和人際關係。在人生的進程中，你會徬徨，會糾結，害怕身不由己，害怕不能按照自己的意願自由地生活。也許執著，因為懷抱著夢想和追求；也許期待，想在這個世界有更多的體驗。

人生的道路不會總是坦途，每個階段想的、做的、遇到的，都各有不同。有的人會在自己的狹窄空間裡迷失，有的人直到生命的最後時刻才真正瞭解自己。所以，不要害怕，無論你以怎樣的生活方式走過人生旅程，你想要的終究會在想像不到的地方等著你。

02

人什麼時候都不能失去追求，
只要活著，一切就還來得及。

無論處於人生的哪個階段，永遠不要停止對知識的渴求。很多人在工作之後總是用各種理由為自己不再學習開脫，有人甚至認為曾經受過的教育對自己的生活毫無用處。其實並不是這樣的，教育帶給人的影響是潛移默化的，你的人生觀、世界觀、價值觀、思考方式等，都是在受教育的過程中不知不覺塑造的，只是自己沒有意識到而已。

你當下的知識儲備還遠遠不夠一生所用，還有很長的一段路要走，不停地學習是為了一點一點拓展生命的寬度和厚度。千百年來，人類的智慧和思想留存在一本又一本的著作裡，聰明的人喜歡在這個基礎上思考問題，愚蠢的人則只喜歡用自己的人生閱歷總結經驗並對此深信不疑，即便有些經驗並不客觀。

能和古今中外的賢者進行思想上的交流，那

種感覺是很特別的。即便是從對現實有利的角度來說，那些看似遙遠和深奧的話語，在很大程度上也是能夠解救人生困境的。無論在人生的哪個階段放棄對學習的渴求，都將難以客觀和理性地看待世界和自己。

03

太多的人在步入社會之後，被現實磨得失去了稜角，變得世故而圓滑。這是我們無法改變的過程，但我們可以讓自己活得不那麼隨波逐流，拚盡全力換一個無比精彩的人生。生活不是只有錢，還有支撐人的夢想。

身邊的很多人一談到夢想，都離不開加薪、升職、創業……夢想的實現需要錢，但錢永遠沒辦法代替一切。拿旅行來說，如果把這件事當作夢想，那麼做攻略、安排時間、存一筆錢……然後開始旅程，邀請朋友同行或者隻身上路，這個過程是很美好的。看著自己一天天地接近夢想，你會感受到空前的快樂。

我很不願意看到很多中年人因為年歲漸長而認命的樣子。摩西奶奶七十六歲才開始畫畫，她的畫作透露著質樸和快樂。我曾想，如果摩西奶奶的畫沒有被人發現，那她又會是怎樣的呢？應該也是快樂的吧，她的快樂在於她自身的追求，正如她自己所說：「人生沒有太晚的開始。」有人總說已經晚了，實際上，當下就是最好的時光。對於一個真正有追求的人來說，生命的每一天都是年輕的、及時的。

人什麼時候都不能失去追求，只要活著，一切就還來得及。

04

從小學到高中，幾乎每個人都要經歷這難忘又略帶苦澀的十二年，為了考一個好大學而奮鬥，然後面對大學考試。畢業之後開始工作，在職場中摸爬滾打幾十年，為自我實現，也為三餐一宿。

那幸福呢？

當我們習慣了每天重複的生活，就會漸漸忘記自己的初衷。錢、名聲、權勢、被認可、被崇拜等，無論是精神方面還是物質方面，都太有誘惑力了，太多的人為此爭搶。但很多人都忘了，那些東西說到底無非是獲得幸福的工具。我們看看周圍的人，不知有多少人正在做著本末倒置的事呢！

拿金錢來說，無所謂好壞，只是擁有的人會被分成好人和壞人。在當今這個時代，錢是我們擁有幸福很重要的因素之一，追求金錢並不可恥，只不過有些人會用侵害他人利益的手段來賺取金錢。這樣的人多了，金錢就成了人們眼中的萬惡之源。很多時候，人們不顧一切地想要滿足自己的欲望，結果滿足之後卻沒有想像中那麼快樂，就是因為不知道自己內心真正想要的是什麼。希望人們能夠不用走很多彎路就懂得這個道理，雖然置身俗世，但仍然保有一顆純粹的心。

我們的人生被那麼多外在的因素影響著，欲望就像一個無底洞，永遠都無法填滿，為了滿足這些欲望，要走的路也不會有盡頭。總有一天我們會發現，僅僅追求物質是無法填滿內心的，也許是一次疾病，也許是公司破產，然後，我們才會在這個花花世界裡看到，原來幸福不需要那麼複雜，它簡單質樸，僅此而已。

無論生活有多少附加的困難和不堪，都不要忘掉自己想要追求的幸福。

05

我們常常只顧前行卻忘記了最初為什麼上路，以為時間和經歷已經讓自己明白了很多道理，但有時候反而覺得明白得越多越不知所措。無論你賺了多少錢，經歷了多少事情，你都曾經擁有過簡單的生活，天真過，也懵懂過，眼神裡透著純真。

可長大之後的一切都變了，你不再是從前的那個孩子。是因為世界的紛擾嗎？不是的，紛擾的是我們自己，不安的是人心。我們都會長大，也會慢慢變老，但不要因為其他事物而忘卻自己曾經簡單和純粹的心，不要因為一時的困擾而屈從於世俗，暫時跳出來，哪怕用孩童時的視角重新看待，事情也許就會簡單很多。

我記得有人曾經問過我：「為什麼懂得那麼多道理，卻仍然過不好這一生？」我當時的回答好像是：「人長大了，變複雜了。」其實我想表達的是，偶爾用童心來面對生活，也許會活得更灑脫、更快樂一點吧。

置身於社會激烈的競爭中並不可怕，可怕的是人心難測。我們改變不了所有人，但可以不懼一切並做好自己。多讀書、有追求、不忘本心、保持童心，這些不一定能讓人變成富翁，但可以給人好好生活的力量。

獨立思考才對得起自己的頭腦

01

二〇一八年發生過一件事：一位網友在網路上發布了一張照片，在當時引起了不小的爭議。照片中，一名海關的工作人員正穿著吊帶裙在座位上辦公。發布照片的人配文寫道：「改進工作氣氛嗎？海關真是走在前面。」

一石激起千層浪，沒過多久，這則發文就成了熱門話題。在很多人眼裡，照片中工作人員的穿著是對海關工作的不尊重，這名工作人員不注重形象，衣著太過隨意，這樣的人不應該在海關單位工作。可事實卻不是我們看到的那樣，照片中身穿吊帶裙的工作人員事先已經請過假，就在她剛換上便服準備離開時，恰好有人辦理業務，為了不耽誤時間，也是出於好心，這個工作人員又留了下來，沒想到引發了這樣的事情。

世界上沒有兩片完全相同的樹葉，
也沒有兩個完全相同的人。

真相大白了，所有的詆毀和攻擊都沒有了。我很喜歡這樣的觀點——你可以接話，但不可以不明就裡地接話。也就是說，你可以說話，但不要胡亂傳話。在網路時代，社交媒體上的按讚和分享是一件極其簡單並且傳播代價小得幾乎可以忽略不計的事，也因為這樣，是非善惡的界定在一定程度上受到了挑戰。我們如果認不清現實，可以選擇收聲，或者用力地發出真實且正確的聲音。

02

我們經常會聽到「別人都……所以……」這樣的話，最常見的就是「別人都到適婚年齡就結婚了，所以你也應該趕快結婚」、「別人都買房了，所以你也要趕快存錢趕上」……類似的話還有很多。

很多人或者你身邊的人都在做的事你是否也

要做，這是需要經過自己的理性思考才能得出結論的，而不是單純地把別人當作參照標準。**獨立思考的前提是我們開始意識到不能再隨波逐流。**

狹隘的人只會相信自己看到的事情，雖然眼見並不一定為實，但他們對於未知的事物不相信也不願意相信，更不會去思考。而一個真正有智慧的人是開放的，他明白自己認知的局限，即便沒有聽過、見過，也會試著理解凡事都有可能，帶著一種開放的心態接收所有的資訊，然後加以思考，最終得出一個結論。

任何人都有可能犯錯，任何資訊也都有可能出錯，當我們接收到外界的資訊時，多少需要持一些懷疑態度，對資訊加以思考和分析，再來確定資訊的可信度，這樣才可以保證自己判斷的準確性。

我們固有的認知很有可能隨著時代的進步被顛覆，**一個獨立思考的人需要擁抱所有的可能性，對未知懷有一種敬畏和開放的心態。**我們的知識越多，就越能感受到世界的浩大和自身的渺小。也因為這樣，我們會看到知識越淵博的人越虛心，他們不會輕易地對事物下判斷，反而是那些「半瓶水響叮噹」的人遇事會表現得十分固執，不會用開放的頭腦去分析和思考未知。

我們經常會遇到一些場景，比如：有些人在大家討論某個話題時總是沒有自己的想法，別人說什麼都覺得對，別人覺得什麼不好，他也覺得不好；有些人受到這個資訊爆炸的時代的影響，遇事不經自己的思考就人云亦云，不停重複別人說過的話；還有些人深受消費主義的毒害，瘋狂被網路主播推銷的各種所謂可以提升生活品質的好物生火，用超前消費來滿足自己的虛榮心，卻不管自己對此是否需要。

沒有獨立思考能力的人是無法建立自己的認知體系的，他們的意識都是從各種管道獲取之後拼接而成的碎片化資訊，這樣形成的思維當然也只會停留在表面上。

03

伯特蘭·羅素認為許多人寧願死也不願思考，事實上他們也確實到死都沒有思考。對於很多人來說，思考是一件特別麻煩的事情，不只如此，還會嘲笑那些經常思考的人，說他們總是想太多。這些人寧願麻木地活著，也不願意多加思考，不一定全是因為懶惰，他們也很可能是吃苦耐勞的人，但就是不願意思考。可我們需要知道的是，具有獨立思考和深度思考的能力其實遠遠比低效率的勤奮更重要。人如果放棄了思考，就只是麻木而愚昧地活著。

不喜歡思考的人注定是格局很小的人，他們在遇到事情或者想問題時是簡單而固執的。比如：別人都這麼做，我照著做也不會錯；從古至今人們都這樣說，肯定是有道理的；從小到大都是這麼過來的，就按照以往的經驗來做……

這種人的精神是懶惰的，要麼盲目從眾，要麼固執己見。世界上沒有兩片完全相同的樹葉，也沒有兩個完全相同的人。每一個人都是複雜的個體，我們沒有辦法將別人的經驗套用在自己的身上，沒有人可以瞭解我們內心真正想要的是什麼。時代的車輪滾滾向前，一味依靠經驗只會讓人落後於時代，變得保守和狹隘。

更多的時候，人們懶惰到想只透過一兩句話就能簡單地概括這個複雜多變的世界。我們經常能聽到「學理科好就業，學文科沒出路」，或者「到了二十五歲就得為結婚早做準備，再大就晚了」，又或者「人得有孩子，沒有孩子的人不幸福」之類的話。人們說這些話的時候，通常都是脫口而出的，這些話是在簡單地把所有人都當成一類人，認為任何事情都只有一種解決的途徑，彷彿一句話就能概括普遍現象。但每一個人性格不同，喜好不同，擅長的東西不同，選擇也自然各不相同。

一個擁有獨立思考能力的人一定有著強烈的自我意識，會不斷思考自己真正想要的是什麼，就像蘇格拉底說的那樣——認識你自己。你對自己的人生方向堅定無比，就可以在人生道路上做出最合適的選擇，即使這個選擇是與眾不同的，是極為小眾的，但只要你不違背本心，就能體驗自我價值實現的樂趣。

獨立思考的前提是
我們開始意識到不能再隨波逐流。

世界在你的舒適圈之外

01

剛上大學的時候，我認識一個喜歡旅遊的朋友，看著他常常在社交平台上曬自己拍的美景，我很羨慕，有時間就會邀請他結伴旅行。

有一次，我們一起出去玩，我在旅途中一直主動替他拍照修圖，他把圖片發到社交平台上，還稱讚我把他拍得很帥。但當我提議他幫我拍照時，他卻一臉不耐煩，即便接過相機，也只是對著我敷衍地按下快門鍵，出現在照片中的我要多難看有多難看。

我開玩笑地說要他學學攝影，可他卻非常認真地回答我：「我本來就不會，你要是覺得我拍得不好就算了。」

我沒想到自己的玩笑話竟然讓他有這麼大的反應，他覺得我是在指責他，我當時也沒好氣地說：「好，那以後也別指望我替你拍照了。」

他不屑地對我說：「不拍就不拍，無所謂！」

那次之後，我們曾經聊起過這次旅途中的不愉快。原來他和別人一起出去玩時，都是別人負責拍照片，他再要過來發到自己的帳號上，但是按讚的朋友都以為是他自己拍的。他很羨慕別人的拍照水準，卻不願意去試著學習，或者下定決心學的時候又一直在拖延。

這件小事透露了他喜歡待在自己的舒適圈裡。明知自己的拍照水準不好，卻不肯好好學習，只是在心裡默默地羨慕別人。或許，他只有在看到別人不遺餘力實現目標時才會生發感悟：如果當初能像別人一樣努力，自己的生活是不是就會有巨大的改變？

02

走出舒適圈，
可以讓自己擁有更舒適的生活方式。

如果一個人持之以恆地做一件事，就會慢慢形成習慣。拿我自己來說，我一直都在寫東西，如果我每天都寫，即使只是記錄一些想法，我都會越來越熱愛寫作，可一旦鬆懈，休息了幾天，我再寫東西的時候就會變得毫無頭緒，甚至會拖上幾十天都寫不出一段理想的文字。

同樣是生活，為什麼非要努力，待在自己的舒適圈不好嗎？一定有人會這麼想。可是，待在舒適圈會讓我們的生活一成不變，時間久了，再想去做一些有意義的事情就很難了。舒適圈只是看著舒適，人待在這裡久了會變得越來越焦慮。

我可以宅在家裡很多天，但等到出門的時候會感覺自己提不起精神，昏昏沉沉的，到了晚上就會感到焦慮。時間很快地過去了，回頭一想，才發現自己什麼都沒幹，看似過了很輕鬆的日子，內心卻無比煩躁。走出舒適圈看似很累，卻也會讓生活變得充實。

比累更難以忍受的是空虛，待在自己的舒適圈不肯出來的人很多都是空虛的。做出改變，時常挑戰對自己來說陌生的領域，才能看到更廣闊的世界。一個從不運動的人開始跑步，一個喜歡宅在家裡的人開始旅行，一個身材肥胖的人開始健身，一個不好好學習的人開始用功……

當你走出舒適圈，經歷才能豐富起來。運動之後喝水，可能會喝出一絲甜味；流汗之後沖涼，身體會變得更舒爽；跨過山海看見小鎮，便會感覺那是世外桃源；費力地解出一道難題之後，就會感受到成就感附贈的欣喜。

03

只有累過才有舒適，只有苦過才懂甘甜，只有付出才有回報，只有挑戰才能充實。待在舒適圈的生活過於平淡，甚至會讓人感到無聊。所謂的舒適圈只不過是表面的，它並不是真的舒適。

走出舒適圈，可以讓自己擁有更舒適的生活方式。比如，你羨慕那些拍照技術很好的人，卻遲遲不肯去學，那就逼自己一把，去網路上找教學課程或是參加進修班。攝影技術是非常有價值的，掌握了好處多多，儘管學習的過程是辛苦的，但結果是讓人欣喜的。

再比如，你宅在家裡看了一整天的電視劇或是玩了一整天遊戲，感到空虛，便責怪自己什麼都沒做卻浪費了一天時間。對於影視工作者和專業的電競選手來說，看劇與打遊戲就不是在消磨時間了。但你覺得沒有意義，這個時候就應該去做一些對你來說有價值的事情。

不過，如果你天性不喜熱鬧，不善交際，願意一個人做些自己喜歡的事情，卻有人跳出來對你說要學著和人打交道，走出自己的舒適圈，這樣是不合適的。一個內心並不願意交際應酬的人，即便勉強學會了圓滑處世，也會因為違背了本心，而無法擁有真正的舒適，這是沒有必要的。

我們每個人都有權利去過讓自己感到舒適的生活，這是無可厚非的。但走出自己的舒適圈，進行一些挑戰和嘗試的目的也不是自找苦吃，而是為了讓人生多一些不同的體驗，讓自己能換一個視角看待我們身處的這個世界。讓我們不斷地豐富自己的閱歷，獲取更舒適的生活方式。

每個人都有權利去過讓自己感到舒適的生活，
這是無可厚非的。
但走出自己的舒適圈，
進行一些挑戰和嘗試的目的也不是自找苦吃，
而是為了讓人生多一些不同的體驗，
讓自己能換一個視角看待我們身處的這個世界。

Part 3

全世界少了一個你

人生而不同，無須因為愛情就違背自我，
你喜歡的是那個人本身，
而不是自己想像中的對方。

願有人陪你慢慢變老

01

時間久了，愛情變成了柴米油鹽的長久陪伴。但無論如何，有你在身邊，愛情才叫愛情，人生才叫人生。愛很脆弱，兩個人的愛情可以從開始的轟轟烈烈變成之後的索然無味，可索然無味就意味著不愛了嗎？

我看過一部名叫《人生果實》的紀錄片，也許在片中，我們可以找到如何在平淡生活中維繫長久愛情的答案。這部紀錄片藉由津端修一夫婦豐富的生活閱歷和一幢林間的小屋，向我們展示了那些深藏於大自然中的真正瑰寶。

身為建築師的津端修一在林間設計了一棟紅色屋頂的木質住宅。儘管已經九十歲了，但他刻意保留了家裡的臺階，為的是能夠在生活中保持運動，家事也總是親力親為。他自己打年糕，

最好的愛情，
是在時間的沉澱中變成一種習慣，
儘管沒有了激情和熱烈，
但是只要對方在身邊就會感到心安。

騎自行車去寄東西，毫不費力地登上梯子摘核桃，為了沐浴陽光而將餐桌擺在窗邊。英子也已八十七歲，有點駝背，每月會走五分鐘，坐兩站公車，再花三十分鐘乘坐高鐵去領丈夫的養老金，然後買些東西回家。

英子做飯總要放點醬油，因為丈夫愛吃；喜歡把餐桌往裡放，因為遠看院落更顯層次感。津端修一喜歡日式早餐，英子喜歡西式早餐，所以英子每天準備兩份早餐。津端修一偏愛木湯匙，英子喜歡金屬湯匙，那就準備不同的餐具。他們有著不同的喜好，卻彼此包容理解。

不幹活的時候，津端修一就在他的小書房裡寫信給老朋友們，還寫信給菜市場裡賣魚的年輕人，鼓勵對方要好好經營。每封信上他都會畫上自己和英子的插畫，旁邊寫著「87+90=177」，這是兩個人的年齡之和。

津端修一和英子在年輕的時候相遇、結婚，雖然沒有舉行婚禮，但愛情讓他們相伴一生。共同的價值觀，懂得欣賞彼此的優點，讓他們得以在歲月的洗禮中擁抱取暖。英子從小就嚮往田園生活，津端修一的建築主張以人為主、尊重自然，兩人不謀而合。

年輕的時候，津端修一的月薪只有四萬日元，他卻想買一艘七十萬日元的帆船。為了替丈夫籌錢買船，英子當掉了自己所有的首飾，也當掉了娘家買給自己的多份保險，津端修一對此並不知情。儘管資金拮据，他們還是開著帆船，開始了海上的旅行。

長久的情感維繫需要相互付出。津端修一承擔了家裡主要的經濟來源和體力勞動；英子也會為了完成丈夫的心願而賣掉自己的家當，每天打理庭院，用各種食材做出好吃的食物。即便兩個人有不同的喜好，但都會彼此包容，這是他們的相似之處。

02

津端修一和英子在庭院裡種了七十種蔬菜和五十種水果，完全可以自給自足。英子每天耐心地製作各種複雜的料理，還會精心地擺盤。從烤箱裡拿出做好的布丁，兩人一起分食，聽到丈夫品嘗布丁後對自己的誇讚，英子會流露出難以掩飾的喜悅。有些食物可飽胃，有些食物則會暖人心。他們的生活每天都是新的，老兩口每天也都很用心地過，兩人的相處真是甜蜜。

津端修一就算是工作上的事也會問英子的想法，而英子也是真的寵津端修一。津端修一吃紅豆飯想要海苔，她就去為他烘；自己吃馬鈴薯會脹氣，但因為津端修一喜歡，所以總做茶色系的馬鈴薯料理和可樂餅。英子總是記不住院子裡植物的名稱，於是，津端修一在木板上一個個刷上黃色的漆做好標記，掛滿了院子。比如「甘夏蜜橘做橘皮果醬喲」、「報春花是春天喔」，還有一塊櫻桃樹上的牌子寫著「櫻桃，英子」，名字下面還畫著她。細心的津端修一還為經常飛到院子裡來的小鳥專門做了一個水盆，小鳥常常成群結隊地來這裡小憩、梳洗羽毛，漸漸地也成了他們的家庭成員。

他們把自己的故事寫了下來，出版了屬於兩個人的書，記錄了生活中的感悟。在新書發表會上，津端修一羞澀地接受採訪，他說：「她對我而言，是最棒的女朋友。」儘管他們已經八九十歲，但他們永遠都是在談戀愛。他們把生活過成了詩，並享受著這份溫暖。津端修一說：「她在旁邊和空氣一樣，不會讓人不自在，感覺很不錯。」

津端修一不是將英子當空氣一樣看不見，而是覺得英子如同空氣那樣輕鬆舒適、不可或缺，又無處不在。**最好的愛情，是在時間的沉澱中變成一種習慣，儘管沒有了激情和熱烈，但是只要對方在身邊就會感到心安，這是一種細水長流的愛意。**

兩人生活拮据，沒有存款和保險，只靠著津端修一的退休金生活。他們就是普通人，但他們的故事告訴我們：衰老並不可怕，有人陪你慢慢變老，是一件很美好的事。**濃烈的愛變得如水般清淡，融入一粥一飯之間。閒時的幾句笑語，忙時的互不打擾，在平淡中找到生活樂趣並細細品味，才能感受到愛情的綿長。**

津端修一的執著和童趣，英子的溫柔和支持，兩個人相知相伴，度過了六十五年的婚姻生活。兩位老人的生活方式讓無數人感嘆，如果我們試著揣摩兩位老人的內心狀態，也許能更加理解愛情。

一年四季，景致萬千。庭園栽植的上百種蔬果，經由英子的巧手成了道道佳餚，烹飪、縫紉、耕作，沒有一樣能難倒她。他們的家處處充滿了細緻與用心，印證了建築大師科比意的名言——房子該是生活的藏寶盒。

津端修一和英子從未老去，兩人的價值觀從未因外界的影響而發生變化。如果能不媚世，按自己的意願活著，坦然接受選擇之後的結果，哪裡都可以是桃源。

這個屬於他們的世界沒有大人，只有「長了皺紋的小孩」。

03

津端修一說：「喜歡浪漫的地方吧，像南十字星，一定擠得水泄不通，所以我打算去的是南十字星旁邊的小星星那裡，燒成炭的遺骨就請人撒到南太平洋的海裡。」

二〇一五年六月的一個午後，津端修一離開了人世，是在除草之後午睡卻一直沒有醒來，走得很安詳。英子一身黑衣為他送行，還告訴自己不要哭，今天不能哭。今生恩愛到白頭，死後徜徉太平洋。這是他們的約定，死亡對於他們而言似乎已經沒有那麼恐怖。

在之後的日子裡，英子獨自生活，每天做的都是津端修一活著時她做的事，她用力地活成他仍舊在世的樣子。英子照舊每天做兩份飯，做津端修一愛吃的海苔飯端到他的照片前，她還守著她和津端修一的家，依舊打理得井井有條，直到追隨津端修一遠去。心懷熱愛地繼續生活，老去都是美好生命的一部分。影片最後告訴我們：「所謂愛情，就是時間累積，不緊不慢，一點一滴，孜孜不倦。」

我們該如何維繫一生的感情呢？《人生果實》中的津端修一夫婦並沒有萬貫家財，也沒有刻意地追求物質生活。就像英子所說，他們沒有留給後代任何錢財，但是他們留給孫女一片肥沃的土地。既然選擇了一個值得深愛的人，就將日子好好地過下去吧。不畏將來，不念過去，全心全意地相愛，然後白頭偕老。

津端修一和英子的愛情正是這樣，彼此信任，不求回報地付出，不會朝三暮四，這才是愛情可以長久的真諦。如果可以，希望我們能注重心與心的溝通，找到一個有共同價值觀的靈魂伴侶：有著共同的喜好，為彼此獻出自己的時間和精力，為一段感情全情投入。

用心生活，把平淡的生活過得有趣而浪漫。充滿詩意的生活才是夫妻感情最好的催化劑。

做到這樣，才能像津端修一和英子那樣，也才會像那首老歌唱的一樣：「我能想到最浪漫的事，就是和你一起慢慢變老。」

「所謂愛情，就是時間累積，
不緊不慢，一點一滴，孜孜不倦。」

段子手的催淚模樣

01

我一直以為我是在缺愛的家庭中長大的。我媽曾經把上小學的我放在舅舅家，也曾經把上國中的我放在二阿姨家，那個時候，父母都在外地打工，只有假期的時候我才能見到他們，當我盼星星盼月亮地等到暑假或寒假，等來的卻是媽媽的苛責。因為我不好好讀書，三天打魚兩天曬網，媽媽就拿別人家的孩子來比較，把我說得一無是處。在很長一段時間裡，我都認為她不是一個好媽媽，甚至是不及格的媽媽：沒知識，不懂教育孩子，為了賺錢把我獨自寄養在親戚家，從小到大都沒有誇獎過我一句話。

記得有一次我拿到「好學生」獎，滿心歡喜地把獎狀拿給她看，她瞥了一眼說：「怎麼不是考試第一名？你看你表妹，一抽屜的獎狀，這種『好媽媽似笑非笑地看著我：
「我這輩子就是在為你工作，
你就是我的老闆，
我把這輩子都投資給你了。
有時候覺得自己撐不下去了
我就想想你，
就又有力氣了。」

學生』的獎狀，班裡一半人都能拿到吧。」

那次，我委屈得和她吵架，把獎狀撕了。

臨近考大學的時候，我在雜亂的書櫃裡找到了當年那張被我撕爛的獎狀，用透明膠帶粘著，無聲地躺在那裡。那段時間，我難得的拚命，每天晚上都會學到十二點。她就在我旁邊坐著，一會兒剝個橘子，一會兒端杯水，見我讀得那麼晚，有時會對我說：「量力而行，別累著了，快去睡覺吧。」

我很少聽到她勸我別讀書了，而不是別打遊戲了。那些夜，我久久難眠。

02

上了大學，只有寒暑假才能回家。有一次暑假回去，我每天都睡到中午十二點才起床，吃過飯之後，接著回房間躺在床上玩手機。後來要繳手機話費，找我媽要錢，她死活都不給我，這很出乎我的意料。和她爭執了半天，最後她才向我妥協，不情願地把錢遞給了我。

之後我在房裡聽到她對我爸說：「不想幫他繳手機費，其實就是不想讓他天天待在房間裡，想讓他多出來陪著我們說說話。」我終於知道了一向想辦法塞錢給我的媽媽為什麼不想幫我繳費，忍不住抱著被角，不爭氣地哭了起來。

那個暑假裡，我媽要我教她用通訊軟體聊天，我教她半天也教不會，自己又沒耐心，就抱怨了她幾句。看到我這樣，她說：「年紀大了，實在學不會，不學了。」我鬆了一口氣，這件事就這樣算了。

開學之後，有一段時間沒和家裡聯繫，有一次上課時感覺到手機震動，拿出來之後，看到媽媽透過通訊軟體傳來幾個字：兒子，在幹嘛呢？

03

無意中看到了媽媽二十歲出頭時的照片，短頭髮，臉上滿是笑容，我從未見過她如此青澀的模樣。她曾經也像我現在這樣年輕，對人生充滿了好奇，對未來有各種各樣的憧憬。那時的她應該不會想到，之後幾十年，她在三合板廠、編織袋廠、電子廠裡進出，為了生活背井離鄉，在不同的城市嘗盡生活的苦，日復一日，只感到身心俱疲，每一次的聚散離合都在她的臉上刻下一道道皺紋。

現在的她，後背沒那麼直，皮膚很粗糙，頭髮還白了，因為操勞，累出了一身的病。有一次，她正上著班，忽然感到後背一陣疼痛，直不起身來。回家躺在床上後便不能動，夜裡疼得睡不著覺。醫生說是中度腰椎間盤突出，不能勞累，但她在床上躺了一個月，沒有完全恢復就又開始上班了。

我和爸都勸她在家裡休息，可她的口氣中是不容商量的倔強：「我沒事，身體早就好了。」

我對她說：「別那麼拚命賺錢了，賺了錢你又捨不得花，放在銀行裡幹嘛？」

她似笑非笑地看著我：「我這輩子就是在為你工作，你就是我的老闆，我把這輩子都投資給你了。有時候覺得自己撐不下去了我就想想你，就又有力氣了。」

我聽得鼻子一酸，生怕控制不住眼淚，連忙轉移話題。

04

愛總是說不出口，卻融冰為水，流在心底。

高二那年，我因為成績不好想學美術參加術科考試，但學美術需要很大一筆開銷，家裡本就不寬裕，很難支持我學下去。我當時試探著問她，她就問了我一句：「學了好考大學嗎？」

我說：「好考。」

她扔給我一個字：「學！」

上大學之後，我對自己所讀科系的興趣不大，對她說想從事寫作這方面的工作。她也是就問了我一句：「真的喜歡寫嗎？」

我說：「喜歡。」

她又扔給我一個字：「寫！」

無論是學業、工作還是生活，我媽都讓我在面臨選擇時自己做主，她常說自己書讀得不多，什麼都不懂，但都支持我。我說大學畢業之後要去大城市發展，我媽當時說：「你去哪兒，我和你爸就去哪兒。房子不是家，我們一家三口在哪兒，哪兒才是家。」

大年初一，我賴在床上不肯起來，我爸說我不懂事，也不起來給他們拜年。我媽來房間裡叫我，我躺在床上對她說：「你別管我，我就是不起來。」她拿我沒辦法，氣得掀起我的被子，硬要把我拽下來，一邊拽一邊說：「管不了你，是吧！

我今天非得揍你一頓！」我把被子搶回來，蒙著臉，躲在被窩裡竟然笑出了聲。真的很懷念被我媽管著的這種感覺。

05

從什麼時候開始感覺媽媽老了呢？當我向她提出一個不合理的請求，準備好再次被她劈頭蓋臉痛罵一頓的時候，她卻說「我聽你的」；當我聽見她逢人就吹兒子懂事、有出息，文章可以發表在雜誌上；當我對她說以後賺大錢買東西給她，她卻說「媽不想要你賺大錢，媽怕你累」；當我每次受到挫折打電話向她訴苦，她總是在電話那頭內疚地說自己什麼也不懂……

前段時間和她一起坐在沙發上看電視，她靠在我的肩上睡著了，我能清晰地嗅到那股母親身上特有的味道。看著一五五公分高的她身體蜷縮著像一隻小貓，粗糙的雙腳，皮膚黝黑的雙手，眼角堆成花的皺紋，斑白的頭髮，我不禁淚如泉湧。

時間都去哪兒了？長大竟然要付出這麼沉重的代價。年少無知的時候，我以為實現夢想可以為他們帶來幸福，回過頭才發現，原來我就是他們一生最大的幸福。我拚盡全力也趕不上他們老去的速度，唯一能做的就是把他們留在身邊，陪他們變老。

我的媽媽是個「段子手」，而且是最催淚的「段子手」。這些年，我無數次被母親的一言一行所感動，也一次又一次被她所欺騙，「我不累」、「我不餓」、「我不喜歡」、「我不習慣」……我想自己以後再也不會上當了。

「女神」的叫法流行之後，經常有人問我我的女神是誰，我總會說：「這個世界上我從來沒把誰視為女神。如果有，那就是我的母親，我這輩子最愛的人。」

從什麼時候開始感覺媽媽老了呢？
當我向她提出一個不合理的請求，
準備好再次被她劈頭蓋臉痛罵一頓的時候，
她卻說「我聽你的」。

婚姻不僅僅有愛情

01

珍是我姐姐的好友，剛過三十歲，體型微胖，不過聽說她二十八歲的時候瘦得像竹竿一樣。那年，珍愛上了一個人，家裡死活不同意，嫌對方沒讀書，家境也不好，三姑六婆紛紛出馬，苦口婆心地勸她放棄，然後家裡所有人都被發動起來替她介紹對象。想要和對方私奔的珍被家人嚴加看管，珍甚至想過尋死，但她的媽媽卻威脅要死在她前面。

珍妥協了，和那個男生分手之後，經由家人的介紹，她嫁給了阿容。阿容是個公務員，但不是珍喜歡的人。珍在嫁給阿容時，覺得自己這輩子徹底失去了愛情，在家悶了半個多月，整天以淚洗面。她把一切的怨恨都發洩給了阿容，對他要麼不理不睬，要麼藉機發火。

不是所有愛情
都意味著妥協和理解，
也不是所有沉浸在
愛情甜蜜中的人
都沒有矛盾和衝突。

阿容是個好男人，珍每一次故意找碴刁難他，他都只是笑笑，把她的無理取鬧當作女生的任性。慢慢地，珍不再想辦法拿阿容出氣，看著這個每天下班之後便趕回家為自己做飯、變著花樣逗自己開心的男人，珍對他的態度好了很多。有一次兩個人去逛街，珍穿著高跟鞋逛了大半天，腳痛得不想再走路。阿容注意到之後，半蹲在她面前笑著對她說：「上來，我背你。」站在大街上的珍很不好意思，阿容伸手拉了她一把，她才羞答答地伸出手。

一年後，他們有了一個女兒，阿容回到家之後更忙了，除了照顧珍，還要照顧剛出生的孩子。阿容怕珍產後營養不足，每天為她熬補湯。珍從那時起，慢慢地胖了十幾公斤。阿容對珍的寵愛在朋友之間也是出了名的，大家都對兩人羡慕不已。後來有人問珍，是否後悔嫁給阿容，如果再有一次機會會怎樣選擇。

珍當時說：「如果可以再選擇一次，或許我還會選擇嫁給當時想要一起私奔的那個人，但我並不知道之後會過得怎麼樣，至少現在的我是幸福的。我無法拒絕這樣一個男人，下雨天的晚上會撐著傘在路燈下一直等我回家，為了讓我安心而緊緊地握住我的手，還會略帶孩子氣地把頭埋在我胸口傻笑。他把自己的精力都用來在乎我的喜怒哀樂，他非常愛我，比任何人都在乎我。和他在一起的感覺不同於和之前交往的人，雖然沒有心跳加速的感覺，但可以感受到細水長流的溫暖。那是一種這個世界除了我誰也不能欺負他的占有欲，一種想要一直這樣走下去的安心。」

02

一天，我爸聊起了以前的生活，尤其是和我媽結婚的事情。父輩們都是遵循媒妁之言結婚，有的人甚至誇張到結婚前雙方都沒見過面，這在我們的認知裡是難以置信的。我感嘆那時的婚姻肯定不會幸福，沒有朦朧的情愫、醉人的情歌、情郎的追求。

我問我爸：「你愛過誰嗎？」

當著我媽的面，他說：「愛過你媽啊！」

我從未聽過一向愛面子的爸爸說出這樣的話，忍不住笑了，卻笑出了淚。一直以為他們的婚姻僅僅是靠傳統和習慣來維繫，看來是我錯了。爸爸是個退伍軍人，一向羞於表達情感，包括對媽媽和我。他和媽媽之間的感情是超越愛情的，沒有激烈到刺激每一根神經，卻更加綿長。這種感情沒有緣由，不被世俗所束縛，只是知道和對方在一起就對了。

仔細想想，雖然家境普通，百事纏身，但很少看到父母吵架，我還開玩笑地問過媽媽為什麼這麼多年都沒見過兩人吵架。她當時對我說：「吵架氣的是自己人，摔東西再買也是花自己的錢，兩個人在一起也就短短的幾十年，什麼事過不去。」我笑著說這是她這麼多年說的最有哲理的一句話。

我們為什麼結婚？為了陪伴，為了相互扶持，為了愛情，也為了愛情之後的親情。

03

曾經有則「史上最快離婚」的新聞，男生和女生網戀打得火熱，相約見面後更是感覺自己無法自拔地愛上了對方。情投意合的兩個人匆匆去登記結婚，登記完拍攝婚紗照的時候，兩個人發生了爭執。男生覺得既然結婚就要好好過日子，不能在婚紗照上花很多錢，但女生認為結婚是終身大事，必須十二分認真。結果誰也不讓誰，最後兩人選擇了離婚，從結婚到離婚不到半個小時。

不是所有愛情都意味著妥協和理解，也不是所有沉浸在愛情甜蜜中的人都沒有矛盾和衝突。我們都見過很多因為愛情步入婚姻的情侶，信誓旦旦地要相守一生，卻仍然在柴米油鹽的小事上爭吵不斷。婚姻家庭中，有的人覺得賺錢就要花，有的人覺得要節制消費；有的人覺得孝順就是多陪伴父母，有的人覺得給父母買東西才叫孝順；有的人覺得安逸穩定才是生活，有的人覺得自由闖蕩才能幸福。

兩個有著相似的追求和生活方式的人在一起，才會感到舒適和融洽。觀念的不同會製造矛盾，品行有差異會導致對伴侶的背叛。婚姻不僅僅有愛情，還有兩個人性格、人品、觀念、經濟條件的選擇。我經常在各類文章中看到這樣的說法——先有愛情才能有婚姻，但那些因為各種原因沒有得到愛情的人呢？

生活不是處處都能讓人得償所願，至少，我們仍然願意相信愛情。

04

據說，我們每個人一生遇到的人數大概是二九二〇萬，而兩個人相愛的機率是0.000049%。雖然我不相信這組數字，但是我們能夠遇到真愛並且走向婚姻的可能性確實很低。我希望每一位女孩都能嫁給愛情，但生活總是不盡如人意，電影裡的浪漫不是每個人都能擁有的，生活有生活的無奈，太多的人並不是因為愛情選擇了婚姻。**如果你沒能嫁給愛情，但願你能夠遇到對的人。**

我們的生活不是只有愛情，但愛情的確很重要，以愛情為基礎的婚姻會很幸福。希望你可以嫁給一個疼愛你，呵護你，視你如珍寶的男人；嫁給一個三觀相似，有著共同志趣的男人；嫁給一個願意逗你笑，陪你到老的男人；嫁給一個準備用一生讓你幸福的男人。婚姻的至美在於兩個人的彼此慰藉，彼此滋養，不分你我，相濡以沫。有一種感情，歷久彌深，在漫漫時光中愈加深沉，安然處之，細水長流，不離不棄，至死方休。

任何時候，不要太無理取鬧

01

走在路上，偶爾會看到情侶在街上吵架的場景。我最近看到的一次是女生氣勢洶洶地責罵對方，但一邊大聲喊叫一邊在哭，而男生雖然有試圖辯解的意思，但幾次開口都說不出話來。我在路過的時候聽到女生說：「我是因為在乎你才管你，你見我管過阿貓阿狗嗎？我為了你……」之後兩人又說了什麼我就不知道了，但我看到男生轉身想走，女生的氣勢一下子就消失了，抓住男生的手臂不讓他走。

女生對男生說的話，不止一次成為電視劇的臺詞，在生活中也常常可以聽到。而這樣的場景我也遇到過多次，不禁想起另一個故事。

02

自己給的安全感才最踏實，
寄託在任何人身上
你都會反覆去驗證，
然後變成惡性循環，
傷害彼此的感情。

小Q是我的學姐，性格恬靜，不太願意說話。她的初戀男友是個身高一八〇的帥哥。小Q和他是鄰居，很早就認識，但沒怎麼說過話，小Q一直默默地喜歡著對方，為他喜悅，為他憂傷，樂此不疲。她會在週末的午後，打開窗戶彈吉他，想讓那個男生注意到她正在自彈自唱；她也會把頭髮弄成自己最滿意的樣子，換上裙子，看到男生騎著單車出門的時候跑過去，然後再優雅地從他身邊走過。

恰好兩個人的媽媽是朋友，小Q的媽媽經常去男生家玩。她終於鼓起勇氣開始以找她媽媽的名義在喜歡的男生家裡出入。終於，兩個人說話了，關係越來越好了，再然後，他們戀愛了。

我無法準確地形容小Q當時的心情，我只知道她願意為那個男生付出一切，用盡全力地喜歡著對方。她會用竹竿掛著自己準備的午餐，偷偷地穿過進窗子送給他；存零用錢趕在節日前買一雙名牌運動鞋給他；和朋友聊天時，總是不由自主地提到他的名字。

漸漸地，她會因為他約會時遲到對他發脾氣，因為擔心對方不在乎自己而慌張，她漸漸發覺自己一刻也離不開對方，男生的名字整日占據著她的整個腦海。兩個人不在同一所大學，但他們總是會擠出時間見面。小Q經常會在想他的時候傳訊息給他，一旦沒有收到回覆，她就會焦躁不安，然後直接打電話過去，不管是白天還是深夜。

小Q曾經因為想要見他而直接跑到對方的學校，卻看到他和別的女生聊天說笑。在那之後，男朋友說的每句話和做的每個動作，她都要細細斟酌，總害怕包含著不在乎自己的意思，總擔心會失去他。

她開始患得患失，腦海裡總是反覆咀嚼他的每一句話，揣測他的心思，弄得自己焦慮不已，每天晚上都難以入睡。她開始動不動就對男朋友發脾氣，男生完全不知道發生了什麼，只是不停地道歉，但並不知道自己哪裡做錯了。

小Q變本加厲，要求男朋友寫下只愛她一個人的保證書，並且要求他刪掉了通訊錄裡所有的異性朋友，她需要用這樣的方式來保護自己不堪一擊的安全感。她被自己的占有欲和嫉妒心蒙蔽了，想要限制對方的自由，彼此的不愉快就這樣醞釀著，像天空中的越來越多的烏雲。

03

他們最後一次吵架的時候，一向溫柔的小Q像一頭受傷的野獸一樣撲向對方，緊緊抓著他的手，激動地咆哮：「我那麼愛你！為了你，我做什麼都可以，我做的一切都是因為在乎你！」

男朋友只是冷冷地說：「我受夠了你的無理取鬧。」小Q看著面無表情的男朋友，他的眼神裡全是冷漠，不再有半點愛意，一切都無法挽回了，這才是最令人痛心的。小Q蹲在地上抱頭痛哭，嘴裡呢喃著：「為什麼……我那麼愛你……」

她不知道自己的愛為什麼會落得如此下場，她所有的時間、精力都留給了他，對未來的幻想都和自己深愛的人緊密相關，她已經卑微到塵埃裡，卻換來對方決絕地離開。愛過之後便是恨，小Q的心裡充滿了恨意，希望對方為這一切感到後悔。她的男朋友不會明白，為什麼恬靜溫柔的女孩會變得歇斯底里、不可理喻。

我可以理解偶爾撒野一下，但不要變成無理取鬧，沒有人願意把無理取鬧當成家常便飯。**自己給的安全感才最踏實，寄託在任何人身上你都會反覆去驗證，然後變成惡性循環，傷害彼此的感情。**

不要把對方的在乎當成自己可以理所應當去試探的本錢，耍脾氣、不斷測試對方、想掌握控制權，這些都是在折磨對方和自己，會讓感情充滿不信任感和束縛感。只有讓雙方都舒服的感情才真正可靠，才能長久。

不要把對方的在乎
當成自己可以理所應當去試探的本錢。

愛情當然可以敵得過時間

01

有人問過我最難以接受的分手理由是什麼，我的回答是「沒感覺了」。

兩個人剛開始談戀愛時都充滿著澎湃的激情，但這激情會隨著時間的流逝慢慢歸於平淡。有的人三分鐘熱度之後就把對方拋之腦後，又去尋找新的刺激，這樣的人只能算是愛情中的巨嬰。

你身邊是否有過這樣的情況？兩個人好不容易相遇、相知、相愛，開始享受甜蜜的愛情。開始的時候，兩個人只想時時刻刻賴在對方的身邊，一通電話可以講上一個通宵，但過了一段時間之後，最初的激情褪去，兩人不再像剛開始那樣上心，慢慢地，感情越來越淡，最終不歡而散。我們的生活節奏日益加快，愛情也變得來去匆匆，很多人一邊在心裡羨慕著可以長久在一起

人生而不同，
無須因為愛情就違背自我，

的情侶，一邊選擇了速食戀愛。是不是我們已經喪失了愛一個人的能力？

愛一個人是一種能力，需要我們長遠地經營一段關係，而不僅僅是追求一時的興奮和刺激。在愛情裡，需要考慮彼此的將來，一個成熟的人開始一段戀情是需要考慮很多因素的。**很多人戀愛經驗很豐富，但並沒有認真地想過自己需要的是什麼樣的伴侶，或許大部分原因是不想一個人待著吧**。如果兩個人因為新鮮感而在一起，隨著新鮮感越來越淡，分手就成了必然。

02

兩個人長久地發展一定是需要規劃未來的，判斷一個人是否真的在乎你，就看他規劃的未來裡是否有你。在同一座城市生活，一起存錢買房，也許幾年之後就結婚，在家裡養一隻狗……這些計畫就是兩個人共同目標的表現。有了目標，才能看得見未來，才能向前發展。

從前車馬很慢，書信很遠，一生只夠愛一人。從認識一個人到瞭解，再到熟悉，最終走向愛情是一個過程，愛情最美好的時候是曖昧期，兩個人互生好感但誰也沒有表露，互相猜測和探尋，對方的一個眼神或是一句話就能掀起內心的驚濤駭浪。就像是兩個人之間有一層紗，想要更近，卻又踟躕不前。

不是每個人的愛情都是轟轟烈烈的，更多的時候，愛情是細水長流的，在相處中更瞭解彼此，愛情可以持續，才談得上保持新鮮感。兩個人越來越熟悉，新鮮感也越來越重要，節日、紀念日送個禮物，計畫一次旅行，偶爾製造一些驚喜和浪漫……這些都會讓日常的生活變得有生氣一點。

一輩子很長，要和有趣的人在一起——**雖然我並不相信這個世界上有無趣的人，那些無趣的人也許只是在面對你的時候，才表現出自己的無趣，想讓你離他遠一點罷了**。在愛情裡，用心去對待喜歡的那個人是很重要的。所有的感情都需要經營，時不時地為喜歡的人做一些甜蜜的事情，帶給對方欣喜和感動。

有了這些心意和浪漫其實還不夠，彼此還要有一些共同的興趣，比如兩個人都喜歡旅行，那麼一起計畫、做攻略、打點準備的整個過程才更有意思。兩個人有共鳴才會更合拍，兩個人有話聊很重要，笑點一樣也很重要，喜歡的事情是否一致更重要。只有這樣，才可以抵擋時間流逝帶來的枯燥，才可以發現生活裡那些值得銘記的小美好。

一起體驗高空彈跳，一起嘗試跳傘，一起拍攝影片記錄日常，一起逛家居店為兩個人的小家添置生活用品，一起騎行去郊遊，一起讀一本書，一起去露營，一起品嘗各地美食，一起學一項技能，一起打遊戲，一起養花，一起健身……相愛的過程就是從一個人玩到兩個人狂歡。保持愛情的新鮮感需要在平淡的生活裡製造一些驚喜，兩個人一起嘗試新事物，擁有共同的經歷，可以更瞭解彼此的內心，讓親密關係變得獨一無二。

03

兩個人陷入愛河，真正的原因是雙方在某種程度上滿足了對方的需求。愛情的需求包括身體的、精神的滿足和寄託，缺一不可。如果只是因為長得好看而選擇在一起，可能遇到更好看的人就分手了，而精神寄託卻不會，沒有人完全沒有寄託，相愛的兩個人成為彼此的精神寄託才能讓愛永恆。

很多人強調不要過度依賴伴侶，只是不要過度，伴侶之間不可能完全獨立，而是需要達成一種互相寄託和依賴的關係，一種相依為命的狀態，這樣愛情才能不斷地迸發生機。除此之外，有一點需要格外強調的是，**戀愛切忌用力過猛**。

人生而不同，無須因為愛情就違背自我，你喜歡的是那個人本身，而不是自己想像中的對方，不要試圖按照自己的意願去改變自己的伴侶以順從自己的想像，要懂得尊重彼此的生活方式和意願。即便兩個人在一起，每個人仍然是獨立的個體，需要有自己的時間和空間，要給彼此應有的自由。愛情不是生活的全部，有的人談戀愛會疏遠身邊所有的朋友，把自己全部的時間和精力都放在對方身上，這會讓自己很累，也會讓對方感到有壓力，而這段感情也會因為這樣變得不再純粹。

即便是愛情，也需要我們用平常心對待，不要用力過猛，別因為愛情而放棄身邊所有的人和事。愛情總會變成我們平凡生活中的長流細水，也因為這樣，那些生活裡的小驚喜和小浪漫才讓我們覺得美好又值得銘記。

很多人戀愛經驗很豐富，
但並沒有認真地想過
自己需要的是什麼樣的伴侶，
或許大部分原因是
不想一個人待著吧。

我們終於「老」得可以談談愛情

┬ 01 ┴

「於千萬人之中遇見你所要遇見的人，於千萬年之中，時間的無涯的荒野裡，沒有早一步，也沒有晚一步，剛巧趕上了，那也沒有別的話可說，惟有輕輕的問一聲：『噢，你也在這裡嗎？』」張愛玲如是說。

「我將於茫茫人海中訪我唯一靈魂之伴侶，得之，我幸；不得，我命，如此而已。」徐志摩這樣說。

愛情是可遇而不可求的，容不得馬虎，我們之所以單身是為了昇華自己的靈魂，以更好的自己遇見終身伴侶。

┬ 02 ┴

當你有了自己的生活和見解，
你就擁有了獨立的靈魂，
而這也意味著
你是一個有吸引力的人了。

如今有種潮流，大學裡不談戀愛似乎成了一件讓人感到羞恥的事情，單身的人也被稱為「單身狗」。以前我對愛情的理解是，得到了，渾身每一個毛孔都跟著暢快，得不到時感覺快要窒息、痛徹心扉。當我看到大學裡有些同學一個學期換三個對象，每一次分手都若無其事的樣子，我的愛情觀受到了衝擊。

我的同學小西是個樣貌姣好的鄉下女孩，她是這種風氣中逆流而行的單純者。她在一次網路聊天中認識了一個學長，學長的溫柔和百般呵護讓她的心蕩漾起一層又一層的漣漪。

他們見面之後就戀愛了。那個學長的長相普通，但小西不在乎，在我們班男生一陣「鮮花插在牛糞上」的呼聲中，小西發表了愛的宣言——「他對我好就夠了」。小西很愛他，勝過愛自己，恨不能時時刻刻都和他在一起，即便和同學在一起，也總是把他的名字掛在嘴邊。她會存好長時間的錢買一支手錶送他，不上課的時候會自己動手為他織毛衣，她的情緒會因為對方的一句話、一個表情而起伏不定。她把自己能給的一切都給了對方。但是好景不長，那位學長畢業了，最後只留給小西一則分手的簡訊，從此再無任何消息，彷彿從人間蒸發了一樣。

收到簡訊的那天，小西蹲在地上哭到聲音沙啞，那些曾經對未來的期盼和無法自拔的深愛在痛哭中一起被徹底摧毀了。有人安慰小西不經一事不長一智，就當對方是給剛剛步入大學的她上了第一課，以後再遇到這種男生要小心。這樣的話對當時的小西能產生什麼作用呢？也許時間可以慢慢讓小西忘掉這段不堪的經歷吧。

對於小西的學長而言，在這段愛情的一開始，他就不是真誠的。他要的也不是愛情，只是找一個人談戀愛，打發自己在大學的最後一段時光，這個人不是唯一，誰都可以。在我們的生活中，這種人並不少見，但也有很多像小西這樣的人。

我很害怕他們因為遇到學長這樣的人，有過這樣的感情經歷，變得不再相信愛情，不再相信自己值得生活賜予的美好，即使有一天有一個對的人出現，也會因為曾經的陰影不敢再伸出雙手，或是張開懷抱。我更害怕他們會因為此前的種種而墮落，開始變成傷害過自己的那種人，到處傷害別人。**愛情很多時候只會降臨在仍然相信愛情的人身上。**

03

還有一種人，他們覺得上大學時不談一場戀愛就是虛度青春，把大學當作自己的愛情修煉場，隨便找個稍有好感的人就開始一段不認真的感情。這是不尊重對方的，於自己而言也是廉價的。

大多數人會認為愛情在人生中是重要的，尤其是年輕的時候。其實在大學裡，你不是必須要談一場戀愛，那個對的人沒有那麼容易遇見。而在這之前，你可以讓自己變得足夠好，等到某一天，那個人出現在你的面前，見到的已經是最好的你，這難道不好嗎？

看過那麼多動人的愛情故事，有真實發生過的，也有作家用心虛構出來的，我們感慨那些人擁有的美好愛情，但往往忽視了他們的思想和才華。讓我們羨慕的那些愛情是雙方靈魂的交融，而不是只有生活的庸常。

我們好像都沒有那麼幸運，可以在對的時間遇見對的人，然後攜手度過餘生。但這不意味著我們就要放棄對美好的期盼和追求。**在沒有遇見那個可以付出一生的人之前，讓自己變得更好一點吧**。無論什麼時候，都要有求知慾和好奇心，對知識敬畏，開闊自己的眼界，提升自己的閱歷，培養幾個可以終身受益的愛好。你可以陶冶自己的情操，可以提升自己的氣質，也許會因此交到很多志同道合的朋友。當你有了自己的生活和見解，你就擁有了獨立的靈魂，而這也意味著你是一個有吸引力的人了。

在山水之中感受各地的風情與浪漫，在書中讀一讀人間百態，大千世界還有無數的神奇和魅力等待你去發現。當你見過了這世界的種種，就更能認識真正的自己。而在某一個特殊的時刻，你遇到了那個讓你覺得可以攜手度過餘生的人，那是語言和文字無法形容的美好。希望你會如此幸運，我也相信你會如此幸運。

如果一個人愛的是你的容顏，當你青春不再，對方可能會移情別戀；如果一個人愛的是你無可替代的靈魂，那才是最真摯的愛情。那樣的你，配得上任何人，你曾期盼的愛情會悄然來到你身邊，然後你笑了，如陽光般燦爛，也如陽光般溫暖。

無論是愛情還是婚姻，精神層面的「門當戶對」都至關重要。人和人之間的差異就表現在思想上，每個人都在尋覓張愛玲口中所要遇見的人和徐志摩筆下的靈魂伴侶，但在那之前，從容地度過生命中的那段時間，等待那個最值得的人來到你身邊。

在沒有遇見那個可以付出一生的人之前，
讓自己變得更好一點吧。

Part 4

我所理解的生活

你說你想要很多東西，但不夠勇敢，
內心的意願和物慾互相拉扯，最後只能感慨人生而已。
可是，那些別人都在追求的東西一定是你想要的嗎？

關於故鄉，你還記得什麼？

01

故鄉的老房子，是我很小的時候住過的地方，也是外公一家生活的地方。房子很舊，下雨時會漏雨，修了幾回也沒能完全修好。院子裡有幾棵梧桐樹，一到夏天，花開滿樹，樹幹如蒼龍般有力地向天空伸展，枝葉染綠了半邊天空，我小時候會和大人們一起在樹下納涼。牆邊有一棵枯了多年的樹，黝黑而筆直，我叫不出樹的名字，只記得當時在樹上拴了一隻叫虎子的大狼狗，很凶，看見人就吠。

外公一家就住在老房子裡，外婆在我媽媽三歲的時候就去世了，媽媽嫁出去了，舅舅和舅媽外出工作，只剩外公一個人在這裡生活。七十多歲的人還堅持繼續種田，只為了賺錢重修老房子，想讓兒孫過得更好一點。外公孤單了一輩

孩童時期像夢一般，
朦朧的記憶定格了那些畫面，
每當我失眠、情緒低落，
對生活充滿恐懼時，
我都會閉上眼睛，
想像著森林裡的
那些小動物和外公的故事。

子，我小時候常看到他一個人坐在大門口的石頭上抽菸，一坐就是半天，他常抬頭望著遠處，可能是在回憶自己的往事吧。我當然沒辦法體會老人的孤獨，只聽人說，人老了，心就空了，特別需要有個人陪在身邊，一起說說話。

長大一點之後，我被父母帶到了其他城市，他們都很忙，就把外公從家鄉接來陪我，也為了讓他不再那麼孤單。外公每天都會騎著一輛舊自行車送我上學，路途中會撿些塑膠瓶，累積在一塊賣掉，用賣來的零錢買些玩具和零食給我。

那個時候，我並沒有因為得到零食和玩具而感到特別高興，我只覺得撿破爛很丟臉，放學的時候總是要他遠遠地等我，怕被同學看見。有一次我和他賭氣，把他撿來的一麻袋瓶子扔掉了。那次他打了我，我在後面一邊哭一邊看著他費了好大力氣把散落的瓶子都撿了回來。我經常「欺負」他，他卻常常順著我，那些賣回收物換的錢還替我買了各種光碟，《哆啦A夢》、《超人力霸王》、《鐵甲小寶》……都是我童年裡最重要的記憶。

這個城市的建築很好看，外公很喜歡，一直說回家之後也要將房子改成那樣。我們當時住的房子外是大片的竹林，竹林旁邊是一片水塘，水塘旁邊是一望無際的稻田，稻田裡有耕種的水牛。我每天和同伴們在竹林裡捉蟲子，讓牠們在一起打架，玩得不亦樂乎。到了晚上，我一定要聽外公講故事才能睡覺，因為自己一個人睡覺會非常害怕。夏天晚上，我躺在床上，窗外有知了的鳴叫聲，風吹動樹葉的沙沙聲，外公坐在床頭講著那些故事，小白兔、小猴子、小山羊、三國、隋唐……

外公不認識幾個字，卻知道很多故事，我聽著故事，慢慢進入夢鄉。有的時候外公沒注意到，還在繼續講，直到很長一段時間沒聽到我出聲，才會輕手輕腳地去睡覺。月光皎潔，穿過雲層，照著外公，印入我的心房。

孩童時期像夢一般，朦朧的記憶定格了那些畫面，以至於在後來的十幾年裡，每當我失眠、情緒低落，對生活充滿恐懼時，我都會閉上眼睛，想像著森林裡的那些小動物和外公的故事。每每如此，我才有被治癒的感覺，才可以不再害怕當下和未來。

02

三年級的時候，爸媽把我送到另一個城市，住在二阿姨家，外公也一起。他買了輛舊三輪車，賣些水果、青菜，每天都會帶一些回來。吃飯的時候，外公會自己到一個人的小飯桌上——怕我們嫌他髒，以前在家裡有客人來時也是這樣。看到外公這樣，我感到一種難以名狀的心酸。

外公仍然改不了撿瓶子的習慣，每次回家總能帶回來一大包空瓶子。二阿姨是個很愛面子的人，我曾經見她因為這件事指責過外公。看到外公像個孩子一樣不知所措的模樣，我很生氣，但又什麼都做不了。

外公很少發脾氣，即使受了些委屈也從不計較。他住在二阿姨家時，家裡有時會因為生活習慣發生一些爭吵。有一次吃飯的時候，外公說想把三輪車賣了，然後回到家鄉的老房子，二阿姨同意了。

外公走的時候，我去送他，我很捨不得外公離開，但是大人的世界我沒有話語權。外公渾濁的眼中帶著不捨和無奈，交代了我幾句，轉身背起行李就走了。我在後面看著他佝僂的背，影子拉得越來越長。

之前，我跟著二阿姨開車回老家幫外公栽蒜。車開到了熟悉的小路，遠遠便看到了外公陌生又熟悉的身影，他的頭髮花白了，腰更彎了，骨瘦如柴的身體顯得衣服很肥大。看到這一幕，我的心在劇烈地顫抖。

下了車，外公催著我們趕快去吃飯，他已經提前弄好了一隻雞。我沒有走得很快，一邊走一邊仔細地看這幢老房子。還和以前差不多，但院子裡的幾棵梧桐樹已經不見了，只有被風吹進院子裡的殘枝紅葉，如火似焰，燃燒歲月。外公沒能重修老房子，舅舅說明年修，而現在，老房子還在，不古樸，但很滄桑。幾十年來，它飽經風雨，保存著記憶，又好像流盡了有關歲月的憂傷。

在農田邊，我拍了一張外公幹活的照片，他瘦小的身體，如同一頭瘦弱的老牛拉著沉重的犁，慢慢地向前走。看著此景，心裡的痛楚在反覆拉扯我，我轉過身，閉上了眼睛。

臨走時，我帶著不捨向外公告別。車子開動後，我回頭望著老房子生銹的鐵門，褪色的紅瓦，還看到了外公在車後，站了好久。

04

我是從表哥那裡得知外公去世的消息的，是腦溢血，早晨起床的時候摔倒了。得到消息的我在電腦前愣住了，腦中不斷地浮現外公臉上的皺紋和瘦弱的身影，往事一幕幕闖進腦海，在媽媽的哭泣聲中，我感到窒息般的痛。

我感嘆生命無常，回想外公的一生，他是真的受了一輩子罪：十二歲的時候失去了父親，外婆在媽媽三歲的時候也去世了，一個人種田養活子女，撐起一個家。

如今，老房子終於翻新了，院子裡是水泥地，屋子寬敞明亮，可外公卻不在了。

我在自己沒察覺時長大了

01

小時候，我一個人在院子裡繞圈，不知疲累。嘴裡不停地哼著〈魯冰花〉：「天上的星星不說話，地上的娃娃想媽媽……」那個時候，沒人懂我，現在也是。每一個仰望星空的孩子心裡都埋藏著一個不能說給人聽的秘密，那是關於夢想、關於將來的秘密。

我不止一次地變換自己的夢想，上小學的時候希望將來當一名老師，高中的時候想當日語翻譯家，後來想當心理學家，再後來想成為一名設計師，現在又有了一個作家夢。我不停地變換著選擇，並在選擇中陷入糾結，這也是一種迷茫。我沒能一直堅持一個夢想，夢想就像夜空中的星，我不停地尋找，只為找到我認為最閃耀的那顆。

我承認自己是一個與人群格格不入的人，喜歡獨處，喜歡安靜地思考，有自己的想法和追求。孤僻的人都是孤獨的，就像我一樣，可我們是可以享受孤獨，並在孤獨中昇華自己的靈魂的。

我不是在父母身邊長大的，在相當長的時間裡我都認為這樣的成長經歷給我帶來了心理陰影。每當我回憶童年的時候，都會難過得無以復加。慢慢地，我開始習慣與孤獨相處，排解孤獨的辦法就是憧憬未來，我想去更廣闊的世界見識一番，想讓那些輕視過我的人對我刮目相看，想著某一天會和我的偶像同桌吃飯。

我該怎麼評價自己呢？
自卑和自傲同時存在於我的身上，
有時候會覺得所有人都比我強，
有時候會覺得沒有人可以比得上我。

02

小時候的我生性孤傲，無法忍受被不公地對

待，對很多事都耿耿於懷，遇到半點委屈，心裡都會激起驚濤駭浪。長大後再去回想，那個時候也不全是這樣的記憶，我並沒有想到多年之後才會意識到，我在那些年裡感受到的幸福是遠遠多於那些難過的。我開始後悔了，後悔自己竟然以我沒察覺到的速度長大了。是啊，小時候真傻，居然盼著長大。

在我二十歲那年，我突然發現另外一件重要的事，就是對我而言錢開始變得非常重要。那些傲慢的嘴臉和瞧不起人的表情開始讓我覺得有一點窒息，在這一年，我開始想要改變，我想要變得強大起來。

人沒有夢想，和鹹魚有什麼區別？我問過身邊的朋友關於他們的夢想，很多人都支支吾吾地說不出來，有的人還會嘲笑我一番。看到他們這樣，我不再問別人的夢想了，我也不會對任何人說我的夢想是什麼。

我希望自己能成為作家。我從小就喜歡寫東西，雖然我看過的書還不能說多，雖然大學考試時的作文得分並不高。我很喜歡思考，有很多稀奇古怪的想法，也希望能把這些想法都寫下來。我總有一種預感，在某一天的清晨，我會收到某個出版社獨具慧眼的編輯邀請我寫書的消息。同時，我也堅持著我的藝術設計，那是我所熱愛的另一件事。而且，寫作和設計有相似點，都需要日常累積和瞬間的靈感。我始終相信，未來的某一天，我的夢想會以我喜歡的方式實現。

不甘平庸，是因為平庸過。我的個子不高，也不願意說話，從來都不是一群人中最引人注意的那個，而是親戚朋友眼中能被預料到結局的那種人。在當時，我也覺得自己好像真的一無是處。

我該怎麼評價自己呢？自卑和自傲同時存在於我的身上，有時候會覺得所有人都比我強，有時候會覺得沒有人可以比得上我。當班級裡成績優異的同學被表揚時，我可能會覺得成績好並沒有什麼了不起；當同學說「ＸＸＸ將來肯定前途無量」時，我會說「沒人比誰了不起，要崇拜就崇拜自己」這樣的話。拋掉年少的意氣，我仍認為我們不需要崇拜誰，每個人都有自己獨一無二的亮點。我不甘平庸，這是我內心最真實的聲音。

03

人長大的速度是很快的，長大之後邁向衰老的速度也很快。每次回家，看見父母日漸變老的面容，我都會心裡發酸。我暗下決心，父母已經苦了那麼多年，我不能讓他們苦一輩子。

時間流逝，我跨過了青春，變成了一個成熟的人，在每個日夜裡追尋前進的方向。每個人都不能留在過去，每個人終究都要長大，長大了，就要面對長大後需要面對的事。我承認自己是矛盾的，不想長大，但又要接受這個現實。長大了，夢想的根在心裡也越發牢固。

閉上眼睛，腦海中浮現出一條正在流淌的小溪，左岸是我未曾忘卻的回憶，右岸是我無法預測的未來，而我好似一葉浮萍，搖搖晃晃地順著溪水向前流走。等待我的將是怎樣的未來？

希望每一個仰望星空的孩子，在長大後的某一天都能夠美夢成真。

始終相信，未來的某一天，
我的夢想會以我喜歡的方式實現。

從來如此，就是對的嗎？

01

大家習慣按已有的經驗做事，認為這是一種穩妥的做法。人類千百年來的經驗變成了文明和智慧，人們遵循祖輩留下的規矩或者依據自己的經歷和見識來生活，但那些經驗、規矩並不全是正確的。

歷史上，如果有人沒有遵循大多數人的規矩，或是有自己的觀點和看法，那麼這種人是會被群體排斥的，甚至會被妖魔化。在西方，也正是因為這樣的原因，布魯諾、圖靈等偉大的思想家、科學家、數學家們慘遭迫害。

人性中有一種深層的劣根性，就是黨同伐異。所有的偏見都源於無知，一個眼界狹窄，不能以開闊包容的心面對世間萬物的人注定是貧乏的。**一個人看不慣的人和事越多，這個人的境界**

僅僅是因為
「大家都是這樣認為的」、
「我們都是這麼過來的」，或者
「這是老祖宗傳下來的規矩」等理由，
我們就只能這樣
盲目追隨著生活嗎？

就越低，格局也越小。當面對自己無法理解的事物時，有的人選擇學習，有的人選擇排斥。當有人沒有按照多數人的想法生活時，旁邊總會有人面露不屑，而你問他為什麼他一定是對的時，他會大聲呵斥：「大多數人就是這樣的！」

僅僅是因為「大家都是這樣認為的」、「我們都是這麼過來的」，或者「這是老祖宗傳下來的規矩」等理由，我們就只能這樣盲目追隨著生活嗎？

02

在我們生活的這個時代，已經有很多人選擇了不婚、不生，也有人選擇更靈活自由的職業。當然，會有很多人對此嗤之以鼻，因為他們自己絕對不會這樣做。**可包容不是讓所有人都變得一樣，而是給予每個人應有的尊重**。雖然這些人和你們不一樣，但他們理所應當地有選擇自己生活方式的權利。

我們感恩先輩為我們留下豐富的生活經驗和處事之道，也應該明白不是所有的傳統觀念都符合現代社會。真正的有識之士應當具有獨立精神和自由思想，真正的勇士應該胸襟寬廣，敢於衝破束縛人生的枷鎖。正如王小波在《一隻特立獨行的豬》中所寫：「我已經四十歲了，除了這隻豬，還沒見過誰敢如此無視對生活的設置。相反，我倒見過很多想要設置別人生活的人，還有對被設置的生活安之若素的人。因為這個緣故，我一直懷念這隻特立獨行的豬。」

有人喜歡循規蹈矩，喜歡將所有的事情都安排好，讓別人都接受自己的安排和觀念，但這樣的生活只會讓人走向庸俗，在不斷的設置中失去自由，也失去生活的樂趣。

經過深思熟慮之後選擇適合自己的路，即使與世俗格格不入，也要保持本心，這樣的一生才值得我們自豪。當不相關的人蹦出來指責時，我們應該勇敢地回擊：「從來如此，便對嗎？」

包容不是讓所有人都變得一樣，
而是給予每個人應有的尊重。

留戀人間，自在獨行

01

你喜歡一個人散步的感覺嗎？聽著自己的鞋子與馬路摩擦的聲音，它讓人暫時忘記時間，忘記疲累，和自己對話，一邊思考，一邊認真傾聽自己內心深處的聲音。

獨處讓我更能靜下心來想一些事，這是我從小養成的習慣。開始的時候是因為太孤單，在獨處時靠思考來打發時間，後來，每過一段時間我都會遠離人群，想想人生，想想未來，想想身邊的人和事。情緒低落時我會安慰自己，懈怠時也會鼓勵自己，就好像世界上有另一個我，每隔一段時間都得去找他聊聊。

一個人散步的時候，沉浸在自己的思考中，會感覺全世界好像只有星星還散發光芒。周圍行人的嬉笑和玩鬧聲都像飄在空中的泡泡，一個個

很多時候，走到人群中
比一個人
待在屋子裡更為孤獨。

在我耳邊破裂，全世界只剩下兩個聲音，我和內心的自己對話的聲音。

我無法理解有的人吃飯和洗澡這樣的事都必須要找個人一起，連這麼短的獨處時間都受不了，當然不會留更多的時間給自己思考，享受內心的寧靜。事實上，獨立思考比其他很多方式都更能獲得智慧。有的人只習慣於與別人共處，和別人說話，一旦獨處就難受得要命，但在我看來，人需要傾聽自己的心聲，和自己交流，這樣才能創造一個充盈的內心世界。

當然，我也不是總是在獨處，我時而喜歡熱鬧，時而喜歡安靜，這和遇到的人有關係。遇到合得來的人，我能滔滔不絕地談到深夜；如果不是合得來的人，我就會恨不能有個地洞鑽進去，然後不再出來。

很多時候，走到人群中比一個人待在屋子裡更為孤獨。與其勉強與人群格格不入的自己融入進去，不如把時間花在自己喜歡的事情上。《湖濱散記》裡有一句話讓我印象深刻：「我愛獨處，我從來沒有發現比獨處更好的夥伴了。」獨來獨往是一種姿態，孤立於世，能夠保持自己的心境和節奏。

即使經常收獲周圍人異樣的眼光，我仍舊選擇遵照自己的內心，只走我想走的路。之前還會因為別人的話悶悶不樂，現在我已經不再理會。在與談得來的朋友相處時，我可以談笑風生；一個人的時候，我可以看書、旅行，活在自己喜歡的世界裡。

有的人說我孤僻，有的人覺得我話很多。我曾經說過一句話：「經歷了那麼多年的孤獨，卻始終沒能適應它。」但現在看來，我已經可以和孤獨好好相處。我很喜歡這一份安靜，其他人的看法對我是那麼的不重要，無所謂喜，無所謂憂。

喜歡獨處，那是一種自由，關乎自己的靈魂。對自己好一點，人間風景很好，但不靜下心來就無法真正體會到。多給自己一點時間做些年老時想起會嘴角上揚的事，那樣到時才能對自己說：「這一生，不虛此行。」

喜歡獨處，那是一種自由，
關乎自己的靈魂。

以自己喜歡的方式過一生

01

生命，長度各有不同，但殊途同歸，都要面對必然的終結。我不知道你們如何看待死亡，但人是向死而生的，如果我們能不再忌諱談及死亡，正視並思考死亡本身，那麼我們會明白怎樣才能更好地活。絕大多數人是不願意談論死亡的，本來我也是其中的一員，但在我親眼看見身邊的親人和朋友遇到它的時候，我不得不開始思考這個問題，儘管過程是痛苦的。

我們看到的多數人的人生通常都是這樣的：上學、工作、買房、結婚、生孩子，一邊還房貸一邊把孩子養大，然後換來衰老和疾病，再為孩子的買房、結婚、生孩子操心。人生難道就只能這樣了嗎？

這讓我想到了一部叫《一路玩到掛》（The Bucket List）的電影，一個身價上億的富人和一個

一輩子並沒有我們想的那麼長，
何必活在別人
給你設定的框架裡呢？

普通的汽車維修工同時罹患了癌症，兩人機緣巧合之下成了朋友，決定在剩下的日子裡一起完成他們最後的心願。

傑克．尼克遜飾演的億萬富翁愛德華．科爾一輩子為事業打拚，離過幾次婚，富可敵國且常有美女陪伴，卻沒有家人的關愛，內心空虛；摩根．費里曼飾演的卡特．錢伯斯只是一個修理汽車的工人，為了孩子放棄了很多自己喜歡的東西，把自己的全部都奉獻給了家庭。這樣兩個不同的人，在死亡面前是平等的。兩個人決定在人生的最後旅程完成遺願清單，為自己活一次，去做這輩子覺得遺憾的事。

他們去跳傘，在長城上騎摩托，去看埃及的金字塔，在衣索比亞看野生動物……然後把最後的時光留給了家人。兩個人去世之後，骨灰被裝在了最愛的咖啡罐頭裡，埋在了喜馬拉雅山上。

電影帶有浪漫的戲劇色彩，但也可以給我們真實的人生帶來一些思考。生命有限，要在過程中盡可能地充實自己，誰都沒有辦法預料人生會在什麼時候終結，但可以決定在那一天到來之前不要虛度。很多人的人生只是在機械地重複過往，不對自己的人生多加思考，直到生命最後的時刻才感到悔恨。

可我們究竟是為了什麼而活呢？有人說要看他留下了什麼，有人說要看他的信仰，有人說人生根本沒有意義……等等。每個人對人生的定義都不一樣，但在我看來，要以自己喜歡的方式過一生。

02

《莊子．盜蹠》裡有一段話：「人上壽百歲，中壽八十，下壽六十，除病瘐死喪憂患，其中開口而笑者，一月之中不過四五日而已矣。天與地無窮，人死者有時，操有時之具而托於無窮之間，忽然無異騏驥之馳過隙也。不能說其志意，養其壽命者，皆非通道者也。」

還有這麼一個故事，很多人可能都聽過。一個美國商人坐在墨西哥海邊一個小漁村的碼頭上，看見一個漁夫划著一艘小船靠岸。小船上有好幾尾大黃鰭鮪魚，這個美國商人誇讚了墨西哥漁夫一番，並且問他需要多少時間能捕到這些魚。

漁夫說：「才一花一點時間就抓到了。」

商人又問：「你為什麼不待久一點，好多抓一些魚呢？」

「這些魚已經足夠我一家人生活所需了。」漁夫對他的話不以為然。

「那麼你每天剩下那麼多時間都幹些什麼？」

漁夫解釋道：「我每天睡到自然醒，然後出海抓幾條魚，回來後跟孩子們玩一玩，再睡個午覺，黃昏時喝點小酒，跟哥兒們玩玩吉他，我的日子過得充實又忙碌呢！」

商人說：「我是哈佛大學的管理學碩士，我可以幫你的忙！你應該每天多花一些時間去抓魚，到時候你就有錢去買大一點的船，也可以抓更多魚，再買更多的漁船，然後你就可以擁有一個漁船隊。到時候你就不必把魚賣給魚販，而是直接賣給加工廠，你也可以自己開一家罐頭工廠，這樣你就可以控制整個生產、加工處理和行銷，然後可以離開這個小漁村，搬到墨西哥城，再搬到洛杉磯，最後到紐約，在那經營你不斷擴充的企業。」

漁夫問：「這要花多少時間呢？」

商人回答：「十五到二十年。」

漁夫問：「然後呢？」

商人大笑著說：「然後你就可以在家當皇帝啦！時機一到，你就可以宣布股票上市，把你在公司的股份賣了，到時候你就發了，賺幾億都不是問題！」

漁夫問：「然後呢？」

商人說：「到那個時候，你就可以退休了！你可以搬到海邊的小漁村去住，每天睡到自然醒，出海隨便抓幾條魚，跟孩子們玩一玩，黃昏時到村子裡喝點小酒，跟哥們兒玩玩吉他。」

漁夫疑惑地說：「我現在不就是這樣嗎？」

03

在當今這個飛速發展的時代，越來越多的年輕人產生了無力感，即使鹹魚翻身，也不過是換到另一面繼續煎而已，還是躲不過鹹魚的命運。在這種情況下，年輕人沒辦法不焦慮。很多人做的選擇是湊齊頭期款，然後背上房貸，「踏實」地做上幾十年的房奴。如果不這樣，那人生又該活成什麼樣子呢？氾濫的成功哲學無論怎麼包裝，告訴你的都是努力就能成功、創業改變命運、拚搏成就人生巔峰這樣的觀念。但是在現實生活中，不是每個人都可以做到的。

你的人生想活成什麼樣是需要取捨的，年薪百萬的強者要付出的時間和精力是我無法想像的，而且收入越高也意味著責任越大，說不定那些人還在羨慕月薪幾萬塊，有時間遛狗種花的普通人。

按照自己喜歡的方式過一生，不被當下的消費主義綁架，不受傳統的住房和生育觀念束縛，不讓世俗的價值觀限制自己的行為。**一輩子並沒有我們想的那麼長，何必活在別人給你設定的框架裡呢？**

你說你想要很多東西，但不夠勇敢，內心的意願和物慾互相拉扯，最後只能感慨人生而已。可是，那些別人都在追求的東西一定是你想要的嗎？對我而言，我只願家人平安，有三五好友，有貓有狗，有喜歡的工作。我越來越覺得物質帶來的滿足是有時效性的，我最渴望的則是愛與陪伴。

如果讓你列出自己的人生清單，然後逐一實現，去尋找平凡生活裡的快樂，珍惜人與人之間的相遇，認真經營每一段感情，去看遍這個奇妙的世界，你的人生清單會包括什麼呢？

趁早，去做自己喜歡的事，讓自己的人生足夠精彩。既然要不枉此生，何必害怕走向生命的終點呢？

後記

你好啊，親愛的陌生人。感謝你的閱讀和支持，希望這本書能給你帶來一些思考。我曾陷入迷茫和困惑，我曾思考人生的動力是什麼，想著如何度過這一生。我想你們或多或少和我一樣，時而歡喜，時而失落，經常覺得自己在人群中格格不入。我也面臨過孤獨、自卑、怯懦、敏感、缺愛、社交恐懼這些問題，後來我漸漸發現，有些事情不一定非找到答案不可，而是需要接受和正視。我們都有自己的優勢和劣勢，每個人也因此不一樣。獨特也是一種美，只要不帶給別人傷害，我們就能與它和解，它也會成為我們生命的一部分。

我喜歡思考，我會分享一些自己對生活的理解。有時候我會很厭世，有時候又會很佛系，但我依舊想活成一個小太陽，或者成為一束光。希望每個人都能自在地生活，用自己喜歡的方式度過一生，在平淡的生活中發現樂趣和驚喜。

我開了一個社群專頁，裡面分享了我對這個世界的理解，關於人生和成長、愛情和生活，也記錄了一些我的日常。希望能夠透過它與你溝通，我們一同成長，一起成為有趣的人。我想成為陪伴你的那一束微光，在你孤獨的時候陪你談天說地，在你無助的時候當你的樹洞，也和你分享我的生活信條和趣事，希望我能在你的生命中泛起層層漣漪。

這是我的第一本書，裡面記錄了自己近兩年的生活感悟。人生是一場有去無回的旅行，好的和壞的都是風景。我希望你能活成一束光，去影響周邊的人，雖然生活中有諸多艱難，但依舊充滿活力，樂觀向上。長路漫漫，未來可期。願你笑對人生，自得其樂，不知老之將至。

感謝有你。

優生活196

別因為敏感，讓心被委屈填滿

作者——陳允皓
副主編——朱晏瑭
封面設計——Ivy_design
封面手寫字——@sweetplant.writing
內文設計——林曉涵
校對——朱晏瑭
行銷企劃——蔡雨庭

第五編輯部總監——梁芳春
董事長——趙政岷
出版者——時報文化出版企業股份有限公司
一〇八〇一九臺北市和平西路三段二四〇號七樓
發行專線——(〇二)二三〇六六八四二
讀者服務專線——〇八〇〇二三一七〇五
(〇二)二三〇四七一〇三
讀者服務傳真——(〇二)二三〇四六八五八
郵撥——一九三四四七二四　時報文化出版公司
信箱——一〇八九九臺北華江橋郵局第九九信箱
時報悅讀網——www.readingtimes.com.tw
電子郵件信箱——yoho@readingtimes.com.tw
法律顧問——理律法律事務所　陳長文律師、李念祖律師
印刷——勁達印刷有限公司
初版一刷——二〇二二年十二月二十三日
初版三刷——二〇二三年七月六日
定價——新臺幣三二〇元
（缺頁或破損的書，請寄回更換）

時報文化出版公司成立於 1975 年，並於 1999 年股票上櫃公開發行，
於 2008 年脫離中時集團非屬旺中，以「尊重智慧與創意的文化事業」為信念。

ISBN 978-626-353-285-4　　Printed in Taiwan

別因為敏感,讓心被委屈填滿/陳允皓作. -- 初版. -- 臺北市：時報文化出版企業股份有限公司, 2022.12
面；　公分

ISBN 978-626-353-285-4((平裝)
1.CST: 人生哲學 2.CST: 生活指導

191.9　　111020373